RÉFLEXIONS PHILOSOPHIQUES

SUR

LE COMPAGNONNAGE

ET

LE TOUR DE FRANCE.

Par M. Giraud,

L'un des fondateurs de la Colonie agricole de Mettray,
auteur du Code d'éducation.

PARIS.

ON TROUVE LE CODE D'ÉDUCATION.

A Paris, quai Voltaire, 21, chez Allouard, libraire.
A Lyon, chez l'éditeur, petite rue Mercière. 7.

1846.

RÉFLEXIONS PHILOSOPHIQUES

SUR

LE COMPAGNONNAGE

ET

LE TOUR DE FRANCE.

PARIS. — IMP. DE LACOUR ET COMP.,
Rue Saint-Hyacinthe-Saint-Michel, 33.

RÉFLEXIONS PHILOSOPHIQUES

SUR

LE COMPAGNONNAGE

ET

LE TOUR DE FRANCE,

Par M. Giraud,

L'un des fondateurs de la Colonie agricole de Mettray,
auteur du Code d'éducation.

PARIS.

ON TROUVE LE CODE D'ÉDUCATION,

A Paris, quai Voltaire, 21, chez Allouard, libraire.
A Lyon, chez l'éditeur, petite rue Morrière, 7.

1846.

AUX COMPAGNONS

ET

OUVRIERS DE TOUTES LES PROFESSIONS

Mes amis,

Nous avons remarqué avec une douleur profonde que la fraternité ne fait pas de progrès parmi les ouvriers de professions diverses, et que cette union que nous avions rêvée, pour leur bonheur à tous, est bien loin de s'accomplir. Nous en avons étudié sérieusement la cause, et nous avons reconnu qu'elle ne pouvait être attribuée qu'à l'absence d'une éducation morale, appuyée sur la raison. En effet, qu'a-t-on enseigné aux travailleurs, pour leur faire comprendre : *1° leur dignité d'hommes, 2° la civilisation dans laquelle ils vivent, 3° les besoins et les exigences de cette civilisation, ainsi que l'utilité de chaque profession industrielle, 4° la moralité des sociétés de com-*

pagnonage, 5° *les rapports des ouvriers avec les autres classes de la société ?*

Si le développement de ces cinq articles est mis à la portée de toutes les intelligences, il sera compris, et leurs mœurs sociales en profiteront. Nous ne voulons point imposer nos idées à personne, nous avons seulement l'intention de les soumettre au jugement de tous : il faut que ce soit la raison, et non la contrainte d'aucune espèce, qui détermine l'homme à faire le bien qui est profitable à ses frères, et à éviter le mal qui leur est nuisible. Nous allons essayer avec la crainte de ne pas réussir. Dieu veuille nous inspirer, et donner à nos paroles la clarté, la simplicité et la lucidité qui portent dans les âmes la conviction. Si nous échouons, d'autres, plus forts que nous, rempliront cette sainte tâche, et nous en serons heureux.

C'est la lutte fratricide qui a eu lieu, au fort de Bicêtre, en avril 1846, entre des compagnons charpentiers de sociétés différentes, qui nous a déterminé à publier immédiatement les réflexions qui vont suivre.

DE LA DIGNITÉ DE L'HOMME.

L'homme est la plus parfaite créature de Dieu ; sa supériorité sur tous les êtres de la création, qui lui obéissent, est incontestable : tous les animaux sont nés pour le craindre, l'aimer, le nourrir, le vêtir.

L'homme ne doit pas sa supériorité sur les animaux à sa force physique, car elle est inférieure à celle de nos grands quadrupèdes, et cependant nous voyons des enfants se faire obéir par des taureaux et des chevaux : il la doit à une force mystérieuse, que nous appelons *puissance morale*, dont Dieu a armé son intelligence.

Assurément l'homme doit être fier du rôle majestueux qu'il remplit dans la nature ; mais, pour être digne de cet avantage, il faut qu'il soit doué de raison : l'homme raisonnable est seul digne de la vie dont il jouit ; un homme sans raison n'est pas un homme, c'est moins qu'une brute.

La raison, c'est la principale faculté de l'âme ; c'est par la raison que nous sommes justes et humains : l'homme, dont tous les actes sont conformes à la justice et à l'humanité, doit sentir sa dignité personnelle, parce que sa conscience ne lui fait aucun reproche.

L'homme ne sent vraiment sa dignité que

lorsqu'il a fait une œuvre utile à quelqu'un ou à tous ; alors il éprouve une joie intérieure, qui lui dit qu'il a rempli un devoir agréable à Dieu qui le lui a inspiré. Le méchant est privé de cette jouissance aussi douce qu'inexprimable, et dont le souvenir est éternel. Plaignons le méchant, et faisons des vœux pour que son âme devienne meilleure en se dégageant de l'ignorance qui paralyse ses nobles facultés.

Vous nous demandez ce que c'est que l'âme, que personne ne peut voir ni toucher. Nous allons vous dire comment les philosophes la définissent.

L'âme est la souveraine du corps, elle le domine, elle le dirige : elle s'en sert comme d'un logement qu'elle devra quitter un jour ; elle s'en sert encore comme d'un instrument chargé d'exécuter ses volontés. Ainsi, l'homme se compose de deux êtres, l'un moral, qui est invisible, impalpable, l'autre matériel, que l'on peut voir et toucher.

L'être moral, c'est l'âme, l'esprit, le cœur, la raison ; son siége est dans le cerveau.

L'être matériel, c'est le corps, qui se compose de nerfs, d'os, de chair, enveloppés de peau.

L'âme commande, le *corps* obéit.

L'âme a une volonté que le *corps* exécute à l'instant que l'ordre lui en est donné. Chacun peut faire cette expérience ; il ne peut remuer un doigt, un pied, sans la volonté de l'être moral ; tous les mouvements de notre corps, sans aucune exception, sont soumis à cette volonté.

L'*âme* perçoit et juge les objets par le secours des sens, qui sont la *vue*, l'*ouïe* et le *toucher*.

L'*âme* perçoit aussi et forme son jugement sans voir, ni toucher, ni entendre : l'aveugle-né et le sourd-muet nous en offrent un témoignage intéressant.

L'*âme* a des idées, des pensées, et elle forme des projets dont elle diffère l'exécution à sa volonté. Fermez les yeux, puis pensez, réfléchissez, formez des projets, et vous serez convaincu de cette vérité, que le corps n'est qu'une matière passive, une mécanique admirable que l'âme seule met en mouvement, et que sans elle l'homme disparaît. Est-ce le corps qui aime, qui jouit, qui est humain, bienfaisant, reconnaissant, généreux ? Est-ce le corps qui adore sa patrie, sa famille, qui travaille et meurt pour elles avec bonheur ? Est-ce le corps qui s'inquiète, qui se chagrine, qui gémit sur les infortunes de ses frères ? Non, toutes ces sensations appartiennent à l'*être moral*, à l'âme de l'homme ; sa pauvre chair n'y est pour rien. Arrêtez-vous, méditez, réfléchissez, et vous comprendrez.

Nous n'avons pas eu l'intention de vous donner un cours complet de philosophie dans ce petit nombre de pages ; nous avons seulement voulu vous faire réfléchir sur votre propre nature, afin que la réflexion vous fasse comprendre que si l'homme fait le mal et nuit à ses frères par pensées, par paroles et par actions, c'est que son âme est encore enveloppée de cette ignorance primitive qui lui empêche d'apprécier les devoirs sociaux réclamés par la civilisation actuelle.

Dieu a placé dans notre âme la raison, le jugement qui nous font distinguer le bien et le mal; cette raison a besoin d'être cultivée pour porter des fruits et c'est à l'éducation morale que ce soin doit être confié.

Quand un homme est juste, bienfaisant, généreux envers ses frères; quand il s'expose pour soulager et sauver ses semblables, quand il protége le faible contre le fort ; en un mot, quand toutes ses actions sont conformes à la justice et à l'humanité, nous disons avec conviction : *c'est une belle âme*, et nous l'aimons, nous le respectons malgré nous. C'est une *âme cultivée* : c'est-à-dire dépouillée de son enveloppe d'ignorance, et rendue à sa nature parfaite, divine.

Quand, au contraire, un homme est, pour ses frères, injuste, méchant, cruel ; quand il accable le faible, au lieu de le soutenir ; quand il est intolérant pour les opinions d'autrui ; quand il dépouille son semblable de sa propriété, de sa réputation, de sa vie, de sa foi ; en un mot, quand toutes ses actions sont injustes, nuisibles à l'humanité et contraires à la morale, nous disons avec mépris : Cet homme est un *égoïste*, qui ne pense qu'à soi ; c'est une *âme basse, avilie*; cet homme *n'a point d'âme*. C'est une erreur : Dieu lui avait donné une âme, mais elle est restée dans son écorce d'ignorance, c'est comme s'il n'en avait pas.

Ainsi, vous le voyez, dans notre langage,

sans nous en apercevoir, nous proclamons hautement et à chaque instant l'existence de notre âme. Réfléchissez-y sérieusement, employez-y toute votre intelligence, et vous aurez un jour l'ambition louable de mériter que l'on puisse dire de vous : *Il avait une belle âme, digne de notre civilisation !*

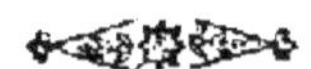

DE LA CIVILISATION ACTUELLE.

Avant de vous entretenir de la civilisation actuelle, il nous avait paru indispensable de soumettre à votre méditation quelques idées philosophiques sur l'homme, sa nature et sa dignité. Ne vous effrayez pas, mes amis, du mot philosophie : on entend par *philosophie, sagesse*. N'oubliez pas qu'un homme vraiment sage, quelles que soient sa profession, sa condition et même la couleur de sa peau, n'est autre qu'un bon philosophe. Pourquoi donc ne parlerions-nous pas aux modestes et honorables travailleurs ce langage tenu dans les écoles supérieures qu'ils n'ont pu fréquenter ? — Leur intelligence n'est-elle pas assez avancée pour comprendre les vérités philosophiques ou sages, eux qui comptent dans leurs rangs, si peu fortunés, des poètes, des prosateurs, des hommes distingués ? — Leur mérite intellectuel nous offre la garantie qu'ils pourront devenir un jour de vrais philosophes, c'est-à-dire des hommes vraiment sages dans leur conduite, et dont la civilisation pourra se glorifier.

La civilisation actuelle dans laquelle nous avons le bonheur de vivre, quoique beaucoup s'en plaignent encore et avec raison puisqu'ils souffrent, est l'œuvre d'une immensité de siècles. Elle a, comme tous les êtres qui vivent, une *naissance* et une *croissance*; elle aura aussi une fin pour faire place à une autre qui lui succédera dans une autre immensité de siècles, ce qui n'est pas effrayant pour notre génération.

La naissance d'une civilisation ne nous est pas inconnue entièrement, à nous qui, depuis quatre siècles, avons découver, dans le Nouveau Monde, des peuples nouveaux, primitifs, sauvages, sans culture, et auxquels nous avons porté, non sans danger ni sans avidité, nos mœurs sociales, nos usages et malheureusement nos vices, ainsi que nous l'ont raconté nos navigateurs célèbres dans les relations qu'ils ont publiées de leurs voyages scientifiques autour du monde. Nous pouvons donc avoir une idée à peu près juste de la naissance de la civilisation d'un peuple, ce qui nous aidera parfaitement à saisir les lenteurs de sa croissance.

La croissance d'une civilisation se fait imperceptiblement; les progrès d'un siècle ne sont reconnus que dans le siècle suivant, une minute solaire représente un siècle pour la marche des progrès; c'est-à-dire qu'un siècle pour la vie d'un peuple, en civilisation, équivaut à une minute solaire pour la vie d'un homme. Nous pourrions donc juger approximativement que la vie de notre civilisation actuelle a atteint le même âge que la vie de l'homme arrivé à trente ans.

Les progrès de la civilisation ne sont dus qu'aux âmes d'élite, aux sages ou philosophes que Dieu jette de siècle en siècle sur la terre, en les faisant presque tous sortir des classes laborieuses. Parmi ces philosophes qui ont rendu de si grands services à l'humanité, le plus célèbre, c'est *Jésus-Christ*, le fils d'un charpentier. Les ouvriers doivent être fiers d'avoir produit une lumière aussi éclatante, qui remplit le monde et qui a donné son nom à notre glorieuse civilisation ; car il faut que vous le sachiez, travailleurs de toutes les classes, nous appartenons à la *civilisation chrétienne*, la plus noble de toutes, parce qu'elle est la plus humaine. Nous pouvons nous en féliciter ; c'est un avantage bien grand, et gardons-nous d'en abuser envers celles qui sont moins avancées que la nôtre. C'est par des exemples de vertu que nous devons agir sur elles et non par le glaive. Cette maxime du Christ, qui est bonne pour les peuples de croyances diverses, est applicable à nos sociétés industrielles, qui manquent de cette union fraternelle que notre philosophe a prêchée dans sa divine sagesse.

Les conquérants n'ont pas servi la civilisation, ils ont été les fléaux des peuples dans tous les temps : ce sont des brigands organisés sur une grande échelle, qui s'arment pour voler des terres, des provinces, des royaumes, piller les habitants et en faire des esclaves. Nous n'irons pas loin pour en trouver un sanglant témoignage. Voyez la noble et malheureuse Pologne ! Trois conquérants puissants, ayant de beaux noms, de longs titres, ne se sont-ils pas bravement coalisés pour prendre ce royaume et se le partager comme on partage un troupeau ? Depuis bientôt un siècle que cet acte infâme a été commis pour faire disparaître un peuple de vingt millions d'hommes, on ne pourrait nombrer les victimes polonaises. Aujourd'hui encore le sang coule pour l'accomplissement du même crime : les Polonais se font tuer, parce qu'ils préfèrent la mort à l'esclavage ; les voleurs tuent les Polonais, afin qu'ils n'aient plus rien à réclamer, et qu'ils ne puissent plus les dénoncer au tribunal de l'humanité. Ils font en grand ce que nos assassins obscurs exécutent dans une famille isolée ; ils en égorgent tous les membres afin de ne pas être dénoncés. Honte et horreur pour les spoliateurs de la Pologne et pour tous les conquérants de même origine ! Il n'y a de conquêtes légitimes que celles qui sont faites suivant le vœu des peuples et pour leur bonheur. C'est ainsi que la France en a toujours agi : les peuples viennent à elle par sympathie, parce qu'elle est libre, grande, forte et généreuse.

Le sage, le philosophe qui a le plus contribué aux progrès de la civilisation, c'est le fils du charpentier, *Jésus ;* c'est lui qui a apporté aux hommes les idées profondes de *liberté, d'égalité, de fraternité ;* c'est lui qui leur a enseigné les conditions de leur liberté ; c'est lui qui leur a appris à vivre en frères et à s'aimer comme des jumeaux ; c'est lui qui leur a démontré qu'ils sont tous égaux.

Hé bien, voilà bientôt deux mille ans que ces

maximes sociales ont été proclamées, et ce n'est qu'en 1789 que notre France a osé arborer le drapeau de l'humanité; c'est la première des grandes familles européennes qui ait prononcé et écrit les paroles du Christ : *Liberté, égalité, fraternité.* Aussi, les autres familles sont venues à nous en nous reconnaissant la première puissance chrétienne, le flambeau de l'humanité. Voilà les conquêtes qui sont honorables et glorieuses pour notre chère patrie.

Nous possédons ces conquêtes morales malgré tous les efforts du despotisme coalisé pour faire de nous une Pologne, et n'oublions pas qu'elles nous ont coûté beaucoup de sang, et que nos plus nobles générations ont péri dans la lutte.

La *Liberté,* nous l'avons en France : le Français n'est esclave que du devoir prescrit par la loi écrite ; il n'obéit qu'à elle, et non au bon plaisir de qui que ce soit.

L'*Égalité*, nous l'avons en France : tous les Français sont égaux devant la loi ; tous peuvent devenir magistrats, officiers publics et parvenir aux plus hauts emplois civils et militaires.

La *Fraternité* en France est grande, remarquable même, et cependant, cette vertu si essentielle, qui échappe à la loi humaine, parce que la morale seule peut la commander, laisse beaucoup à désirer chez nous. C'est surtout parmi les classes laborieuses, qui devraient être les plus unies, dans leur propre intérêt, que l'on remarque l'absence d'une fraternité raisonnée, d'une union intime et éclairée.

Cette fraternité, si douce, si bienfaisante, si consolante dans nos misères, est remplacée par des jalousies puériles qui ne peuvent pas supporter le raisonnement : ces jalousies ont engendré des divisions, des camps séparés , puis des haines sauvages, et enfin des luttes fratricides. C'est une honte pour notre civilisation, qu'un état de choses semblable, qui ne peut être que le résultat d'un jugement erroné que la réflexion n'a pas mûri. Lisez, méditez, dans la solitude les vérités qui précèdent, réfléchissez sérieusement, lentement sur leur moralité, et vous rougirez d'avoir été un instant désunis, et vous serez mieux préparés pour apprécier les besoins et les exigences de notre civilisation que nous allons essayer de vous démontrer.

Besoins et exigences de notre civilisation,

ET

DE L'UTILITÉ DE CHAQUE PROFESSION INDUSTRIELLE.

———

Notre civilisation a besoin que tous les Français pratiquent cordialement, sincèrement, continuellement, avec amour, la première des vertus chrétiennes, la *fraternité* ; et elle exige que les *jalousies*, les *divisions*, les *haines homicides* et les *luttes fratricides* disparaissent dans les sociétés où elles ont des racines séculaires, fruits amers d'une ignorance qui n'est plus tolérable aujourd'hui.

Il faut que les travailleurs sachent qu'ils sont tous *frères* et que toutes les professions sont *sœurs* et d'une nécessité incontestable à la société ; il n'est pas une profession, pas une industrie qui ne soit utile et honorable : il n'en est pas une dont l'autre puisse se passer sans en souffrir dans son bien-être. Voyons, raisonnons, mes amis : c'est en raisonnant qu'on s'éclaire, qu'on fait son éducation sociale, qu'on dépouille son âme de son écorce d'ignorance pour la rendre plus digne de son créateur et plus propre à pratiquer la fraternité enseignée par le *Christ*, fils d'un industriel.

Pourriez-vous vous passer du *cultivateur* qui

vous nourrit, qui exploite vos forêts, vos mines, et qui, par un travail dur et pénible, met à votre portée, dans vos mains, toutes les richesses que la terre renferme dans son sein, ainsi que tous les produits du sol cultivé par lui et dans lesquels nous ne devons pas oublier les bœufs, les moutons, les chevaux, etc., qui sont ses élèves, et dont vous vous servez journellement ? Non, vous ne pourriez pas vous en passer, et vous devez à ce frère *cultivateur* amour, respect et reconnaissance.

Pourriez-vous vous passer du *boulanger* qui fait le pain que vous mangez et que vous ne pouvez préparer vous-mêmes, parce que vous manquez du temps et des moyens nécessaires ? Non, vous ne le pourriez pas, et vous devez à ce frère *boulanger* amour et reconnaissance. Nous en dirons autant pour le *boucher*, le *charcutier* et pour tous ceux qui préparent nos aliments.

Pourriez-vous vous passer des *tisserants* en fil, en laine, en coton, en soie qui fabriquent vos toiles, vos draps, vos couvertures, vos indiennes, vos mousselines, vos étoffes, vos rubans ? Non, vous ne le pourriez pas, et vous devez à ces frères amour et reconnaissance.

Pourriez-vous vous passer du tailleur qui confectionne vos vêtements, qui vous habille suivant votre taille et conformément à la mode qui change souvent ? Non, vous ne le pourriez pas, et vous devez à ces frères, tailleurs, tailleuses, couturières et blanchisseuses, barbiers, perruquier et chapeliers, amour et reconnaissance.

Pourriez-vous vous passer du bonnetier qui sur son métier mécanique, inventé sous Louis XIV, fait des tricots avec lesquels il vous coiffe, vous chausse, vous habille des pieds à la tête? Non, vous ne le pourriez pas, et vous devez à ce frère amour et reconnaissance.

Pourriez-vous vous passer du sabotier qui avec une intelligence admirable vous chausse sans couture? Pourriez-vous vous passer du *tanneur* qui prépare les peaux et les cuirs, du *cordonnier* qui confectionne vos souliers et vos bottes, du *bourrelier* qui prépare les harnais de vos chevaux? Non, vous ne le pourriez pas, et vous devez à ces frères amour et reconnaissance.

Voilà à peu près toutes les professions qui touchent à nos personnes, à notre existence matérielle, nous allons passer à celles qui concernent nos habitations, car notre civilisation veut que nous soyons logés convenablement et même agréablement, car nos maisons deviennent parfois nos prisons, et il faut que nous nous y trouvions bien.

Pourriez-vous vous passer du *scieur* de *long* qui transforme un arbre brut en planches de toutes les dimensions et épaisseurs qui lui sont demandées? pourriez-vous vous passer du *charpentier* qui prépare avec toute la précision de la géometrie les pièces de bois qui doivent se réunir, se marier, se soutenir, se fortifier par les combinaisons des coupes, pour former les squelettes d'une maison, d'un pont, d'une usine, d'un monument, d'un vaisseau, d'un édific quelconque? Pourriez-vous vous passer du *maçon*, du *tailleur de pierres* qui exécute, avec toutes les règles de la géométrie, des monuments admirables, tels que nos temples religieux, nos châteaux royaux, nos hôtels municipaux, nos beaux ponts, nos colonnes, nos arcs-de-triomphe? Pourriez-vous vous passer du *serrurier* qui, outre ses travaux de serrurerie et de mécanique aussi utiles qu'admirables, forge les fers qui doivent lier ensemble toutes les pièces de nos grandes et petites constructions tant en bois qu'en pierres? Pourriez-vous vous passer du *couvreur* qui remplit gaiement les fonctions les plus dangereuses de la construction pour conserver nos édifices en nous mettant à l'abri des injures du temps? Pourriez-vous vous passer du *vitrier* aujourd'hui que notre civilisation a repoussé le carreau de papier huilé? Pourriez-vous vous passer du *menuisier* qui fait les portes, les fenêtres, les armoires, les tables, les bancs, les parquets, les lambris, les meubles, les ornements, etc, etc. Non, six fois non, vous ne pouvez pas plus vous passer de ces six sortes de travailleurs que des maisons que vous habitez, et vous devez amour et reconnaissance à vos frères *charpentiers, maçons, serruriers, couvreurs, menuisiers et vitriers*.

Les ouvriers qui sont encore indispensables à des sortes de nos premiers besoins sont le *potier*, le *faïencier*, le *ferblantier*, le *poêlier*, le *fumiste*, le *chaudronnier*, le *taillandier*, le *cloutier*, le *maréchal ferrant*, le *charretier*, le *faiseur d'ai-*

guilles, le *meunier*, le *barbier*, le *porte-faix*, le *vidangeur* et d'autres encore que j'oublie probablement ; vous ne pourriez pas vous passer de leur travail, et vous devez à tous ces frères amour et reconnaissance.

Maintenant que nous voilà nourris, vêtus, logés, les principaux besoins de la vie matérielle sont satisfaits, il n'y a pas de doute ; mais les progrès de la civilisation nous ont créé des besoins factices bien plus nombreux et bien plus exigeants que les besoins naturels, et nous nous regarderions comme très malheureux si nous étions dans l'impossibilité de les satisfaire. Les professions qui concourent à la satisfaction de ces besoins secondaires méritent également et au même titre que celles dénommées plus haut, toutes nos sympathies ; elles sont si nombreuses que nous ne savons trop par lesquelles nous devons commencer. Nous pensons qu'en groupant par catégorie les professions qui concourent aux mêmes travaux nous parviendrions à un classement plus simple et plus rationnel.

L'imprimerie, cette invention si précieuse pour les progrès de notre civilisation, fait vivre beaucoup d'ouvriers en France, parce que notre presse est libre suivant la loi. Le nombre des ouvrages français publiés annuellement est plus considérable que celui des publications réunies de tous les peuples. Notre presse est le flambeau du monde sur lequel les pouvoirs despotiques voudraient bien poser leur éteignoir de plomb. Leurs efforts seront vains : c'est le *Christ* qui a allumé ce flambeau divin qui est destiné à incendier, à dévorer ceux qui seraient assez aveugles pour essayer de l'éteindre. La presse est pour le monde intellectuel ce qu'est le soleil pour la terre : ses doux rayons font éclore les germes de la pensée, les fécondent et les offrent à notre esprit lorsqu'ils sont devenus des fruits mûrs et bienfaisants. Nos auteurs classiques, scientifiques, dramatiques, comiques, tragiques, historiques, romantiques, périodiques sont recherchés dans toutes les nations sachant lire; nous-mêmes, pourrions-nous nous passer de lire un journal qui nous apprend ce qui se passe autour de nous, dans nos départements et chez nos voisins? Non, nous ne pourrions plus vivre sans la liberté de la presse ; ainsi nous dirons : tous les ouvriers qui concourent aux travaux de l'*imprimerie*, de la *gravure*, de la *presse*, en un mot de tout ce qui sert à la propagation de la pensée humaine, sont vos frères et vous leur devez amour et reconnaissance.

Pourriez-vous vous passer de l'horloger qui vous enseigne par heure, par minute, par seconde la marche du temps, trésor si précieux dont l'homme est si prodigue et dont la perte est irréparable? L'emploi raisonné du temps double l'existence des travailleurs ; il faut en quittant un travail manuel savoir trouver un repos utile et agréable dans un travail intellectuel. Etudiez, instruisez-vous et vous aurez employé fructueusement votre temps de repos. L'instruction c'est l'aliment de l'âme ; ce n'est plus assez que de nourrir notre corps, il faut aussi alimenter notre esprit, nous avons toujours quelque chose à apprendre, vivrions-nous jusqu'à cent ans. Revenons à notre horloger qui nous a valu ces réflexions et disons : il n'y a pas un de nous qui n'ait eu l'ambition de posséder une montre qui lui rappelle l'heure de son travail, de son repos, de ses repas, de ses plaisirs, de ses promesses, de ses rendez-vous, de son retour à la famille, auprès de sa femme entourée de ses enfants. L'horloger est aussi bijoutier; c'est lui qui fait vos bagues, les boucles, les épingles, et d'autres bijoux dont nous sommes assez amateurs. Hé bien, nous dirons : tous les ouvriers qui concourent aux travaux de l'horlogerie et de la bijouterie sont des frères dont vous ne pouvez vous passer et auxquels vous devez amour et reconnaissance.

Notre *orfévrerie*, notre *coutellerie* et *quincaillerie*, notre *passementerie*, notre *ébénisterie*, notre *sculpture* sur bois, métaux, pierre et cristal ; notre *verroterie*, notre *papeterie*, nos *fonderies*, nos *verreries*, nos *porcelaines*, nos *dorures*, etc., sont en grande réputation chez les étrangers ; nous en exportons annuellement pour des sommes considérables. Ces diverses industries font vivre un grand nombre de familles et contribuent pour une grande part à la richesse nationale. Ainsi vous conviendrez que tous les ouvriers qui concourent aux travaux de ces utiles industries, quoique de luxe, et dont nous ne pourrions plus nous passer sans déchoir, sans nous nuire, sont vos frères, et que vous leur devez amour et reconnaissance.

Il nous reste encore une classe d'ouvriers dont l'utilité sera facile à vous démontrer; nous voulons parler de ceux qui concourent à la confection des machines qui doivent fonctionner dans nos usines, dans nos vaisseaux et sur nos chemins de fer, par la force toute-puissante de la *vapeur*. Cette découverte, qui a fait faire de grands pas à la mécanique, appellera de grandes modifications dans nos marines militaire et marchande, dans nos moyens de locomotion sur terre et dans nos principales usines, où la puissance de la vapeur remplacera les bras de l'homme. Vous conviendrez donc, mes amis, que tous les ouvriers qui concourrent aux travaux qui ont pour but l'emploi utile de la vapeur sont vos frères, et que vous leur devez amour et reconnaissance.

Si nous avons omis quelques professions dans le dénombrement que nous avons mis sous vos yeux, nous nous empresserons de les rétablir. Nous déclarons d'abord que nous avons eu l'intention d'y comprendre seulement celles qui peuvent exiger un apprentissage et par suite un compagnonnage.

Si vous avez lu avec attention les pages qui précèdent, si vous les avez commentées, analysées, discutées par la réflexion; si vous avez reconnu l'utilité de tous les travailleurs cités plus haut, comme nous n'en doutons pas, parce que sur cet objet votre conscience est d'accord avec votre intelligence, nous vous demanderons pourquoi, vous, Messieurs les compagnons de toutes les professions, vous ne vous traitez pas comme des frères ? pourquoi vous agissez en ennemis les uns contre les autres, ainsi que nous le remarquons dans l'excellent petit livre publié par un de vos bons camarades, M. Perdiguier.

Nous le demandons à votre raison mieux éclairée, cette conduite hostile entre compagnons est-elle *chrétienne, fraternelle?* est-elle *sage?* est-elle *française?* est-elle la conception d'âmes civilisées, cultivées? Quels fruits retirez-vous de cette désunion puérile qui nuit à vos intérêts personnels, qui compromet ceux de la famille et qui sont une honte pour notre civilisation? Nous vous en conjurons, Messieurs, réfléchissez et aimez-vous en frères, en pratiquant fidèlement cette maxime qui doit seule gouverner le monde :

Ne fais pas à ton frère le mal que tu ne voudrais pas qu'il te fît.

Rends-lui les services que tu voudrais en recevoir.

Voilà les conseils que *Jésus* a donnés aux hommes libres. Plaignons ceux qui ne les ont pas compris, c'est que leurs âmes sont encore enveloppées de l'écorce primitive; elles dorment dans l'ignorance, tâchons de les éveiller et de les éclairer, afin qu'elles puissent jouir des bienfaits de la morale du *Christ.*

On nous dit que la principale cause des sentiments hostiles entre ouvriers provient de la jalousie dont les professions sont animées les unes envers les autres, et qu'elles ne s'estiment pas assez pour s'aimer. C'est possible, mais c'est monstrueux de puérilité, c'est un enfantillage inconcevable. Quoi! un ouvrier, un compagnon, un travailleur quelconque méprisera un frère parce qu'il gagne sa vie dans une autre profession que la sienne? Mais cela n'a pas de nom. Que deviendrait la société si tous les hommes avaient le même état? Est-ce possible? Nous pensions que pour être admis compagnon, il fallait être arrivé à l'âge d'un homme, et cependant nous ne serions que de grands enfants si nous restions dans une erreur aussi grossière. Notre corps seul aurait grandi et notre âme serait restée dans l'enfance.

Non, mes amis, vous n'êtes pas nés pour être désunis; vous êtes nés pour vivre en frères, pour vous aimer, vous soutenir et vous entre-aider de toutes vos forces morales et physiques, comme les enfants du même père, ainsi que nous le sommes réellement. Nous avons tous besoin de cette union fraternelle, cordiale, pour supporter ensemble les maux, les accidents, les déceptions inséparables de la vie sociale. Le fardeau le plus lourd devient léger lorsqu'il est partagé. L'union fait la force, vous le savez tous, vos expériences journalières vous l'ont appris; mais la vérité que vous paraissez ignorer, c'est que l'isolement où la désunion affaiblit l'homme libre, paralyse sa puissance et en fait l'esclave du premier venu qui est intéressé à l'asservir. Les ennemis de votre liberté, de votre indépendance, peuvent seuls, vous prêcher l'isolement, la désunion.

Toutes les professions sont honorables, estimables, utiles, indispensables dans notre civilisation ; nous vous avons démontré, prouvé leur utilité et la nécessité de leur existence, et vous êtes convenus avec nous que vous ne pouviez plus vous en passer et que vous deviez aux ouvriers de tous les états amour et reconnaissance; maintenez, conservez, nourrissez dans vos cœurs ces bons sentiments, et vous serez de *vrais chrétiens*, de *bons Français*, des *ouvriers estimables, des compagnons modèles.* N'oubliez pas qu'il n'y a de méprisable dans notre monde social que le paresseux et l'ivrogne ou l'intempérant. La paresse conduit au jeu, au vol, à tous les crimes. L'ivrognerie conduit à l'abrutissement, à la folie, à la cruauté, au meurtre. Ce n'est pas la profession qui déshonore, n'importe laquelle ; c'est la manière dont on la remplit. L'artisan honnête est un homme d'honneur ; il sait faire aimer, estimer son industrie en l'exerçant consciencieusement, chrétiennement. La seule rivalité qui doive exister parmi les hommes de toutes les conditions ne peut être que dans l'accomplissement des devoirs sociaux ; alors c'est une émulation louable, vertueuse qui conduit aux progrès et dont la société reconnaissante profite dans son bien-être, dans ses richesses et dans son honneur national. Soyons donc toujours unis, toujours amis, toujours rivaux d'estime ; mais ne soyons jamais divisés, jamais hostiles, jamais dédaigneux ; soyons justes envers nos frères ; accordons-leur la récompense morale que leurs actes méritent ; ne soyons envieux que de mieux faire qu'eux sans le leur faire apercevoir, et vous verrez que ce régime moral fera notre bonheur individuel et la prospérité générale. Plus les enfants de la France seront liés d'amour et d'estime et groupés comme un seul homme, plus notre chère patrie sera forte, puissante et respectée de nos ennemis ; car, n'en doutez pas, notre liberté en a, des ennemis. Les Cosaques du Nord, les voleurs de peuples voudraient bien faire de nous une seconde Pologne. Pensons-y et serrons nos rangs longtemps d'avance pour les attendre d'un pied ferme et victorieux. Un peuple libre de trente-quatre millions d'âmes, debout sur son sol, est indomptable, surtout quand il a connu 1815.

DE LA MORALITÉ

SOCIÉTÉS DE COMPAGNONNAGE.

—

Voici comment la morale universelle définit la société et les devoirs de l'homme social. Elle dit :

« Une société est l'assemblage de plusieurs êtres de l'espèce humaine, réunis dans la vue de travailler, de concert, à leur bonheur mutuel. Toute société suppose invariablement ce but ; il serait contraire à la nature que des êtres animés sans cesse du désir de se conserver et de se rendre heureux, s'unissent les uns aux autres pour travailler à leur destruction ou à leur malheur réciproque.

« Le *genre humain*, dans son ensemble, n'est qu'une vaste société composée de tous les êtres de l'espèce humaine.

« Les *différentes nations* ne doivent être envisagées que comme des individus de cette société générale humaine.

« Les *peuples divers* sont des sociétés particulières, distinguées des autres par les noms des pays qu'ils habitent.

« Dans chaque nation, une *cité*, un *village*, un

hameau, forment une société particulière composée d'un certain nombre de familles et de citoyens.

« Une *famille* est une société plus particulière composée d'un certain nombre d'individus de la même souche.

« Le *mariage* est une société formée par l'homme et la femme, pour travailler ensemble à leurs besoins et à leur bonheur mutuel.

« L'*amitié* est une association de plusieurs hommes qui se jugent capables de se procurer une félicité réciproque.

« Les hommes s'associent pour des entreprises commerciales, afin de se procurer des avantages communs.

« Les *compagnons* s'associent pour obtenir les mêmes résultats.

« Enfin, les *rois,* les *nations* forment des sociétés qu'on nomme alliances, et qui ont pour objet leur défense, leur conservation et leurs intérêts réciproques, avantages que, seuls, ils seraient dans l'impuissance de se procurer. » La morale termine cette définition de la société en général comme suit :

« Chaque homme en société devrait se dire à lui-même : Je suis homme, et les êtres qui m'entourent sont des hommes comme moi. Je suis sensible, et tout me prouve que les autres sont, comme moi, susceptibles de sentir le plaisir et la douleur; je cherche l'un et je crains l'autre; donc, les êtres semblables éprouvent les mêmes désirs et les mêmes craintes. Je hais ceux qui me font du mal, donc je deviens haïssables pour ceux dont mes volontés ou mes actions contrarient les souhaits. J'aime ceux qui contribuent à ma propre félicité ; j'estime ceux qui me procurent une existence agréable ; je suis prêt à tout faire pour eux, donc, pour être *chéri, estimé* par mes semblables, je dois contribuer à leur utilité, à leur bien-être. C'est sur des réflexions si simples que toute morale doit se fonder, et que toute société chrétienne doit s'établir. »

Le but moral des sociétés en général est parfaitement défini dans cet article de la morale universelle ; nous avons pensé qu'il était nécessaire de le mettre sous vos yeux, afin que vous puissiez juger vous-mêmes si les règlements qui régissent les différentes associations du compagnonnage atteignent le but prescrit, qui est *le bonheur mutuel*, et s'ils ne seraient pas susceptibles de quelques modifications, afin de les rendre plus conformes à la civilisation actuelle. Les constitutions, les lois, les règlements ne peuvent pas rester *stationnaires, immuables.* Tandis que tout marche dans la nature, le vêtement de notre enfance ne peut plus aller à notre corps d'homme, il faut donc l'élargir ou le changer entièrement.

A propos de compagnnonage, une idée nous vient ; cette idée est mauvaise assurément, nous devrions la garder pour nous ; cependant elle pourrait en faire éclore de meilleures, et c'est dans ce but que nous osons vous la soumettre.

Nous nous sommes dit : Si à l'époque actuelle il n'existait aucune société de compagnonnage, et que l'on sentît le besoin d'en créer une, ne devrait-on pas conformer ses statuts à l'ordre administratif de la France, tant pour son unité que pour sa direction? Par exemple, le *pouvoir* ou le gouvernement français siége à Paris, et il administre les départements avec des lois communes à tous les citoyens et auxquelles tous obéissent. Eh bien, la direction supérieure du *tour de France* pourrait être fixée à Paris et dirigerait les compagnons qui sont réunis dans les diverses villes en sociétés de compagnonnage et dont les statuts devraient être les mêmes pour toutes les sociétés, pour toutes les professions et dans toute la France. De cette manière, nous n'aurions dans notre belle France qu'une seule société française pour tous les ouvriers qui ont le grade de compagnon ou qui y aspirent. Cette unité si *désirable*, si *chrétienne*, si *fraternelle*, ferait disparaître les causes de ces rivalités puériles, de cet esprit de corps dédaigneux qui irrite et provoque, et enfin de ces luttes sanglantes qui laissent d'amers souvenirs et qui ne sont plus de notre siècle. Cette unité, disons-nous, augmenterait le bien-être des ouvriers et donnerait au *compagnonnage* une puissance et considération favorable à ses relations de toute nature et dont le pays serait orgueilleux, parce qu'il ne verrait plus que des frères dans ses travailleurs.

Pour compléter cette idée, dont la réalisation

paraît facile sur le papier et qui est peut-être impossible à exécuter, nous dirons qu'il nous semblerait convenable que les sociétés des villes se composassent de professions dont les travaux aboutissent aux mêmes résultats.

Ainsi, tous ceux qui concourent à la préparation des aliments qui nourrissent notre corps formeraient une société n° 1.

Tous ceux qui concourent à la confection de nos vêtements, se grouperaient dans une autre société portant n° 2.

Tous ceux qui construisent nos habitations, nos temples, édifices, etc., ou qui concourent diversement à ces constructions, formeraient une société n° 3. Les travaux gagneraient beaucoup à cette unité sous une infinité de rapports.

Tous les ouvriers qui concourent aux travaux de l'imprimerie, de la gravure, de la presse, formeraient la société n° 4.

Toutes les autres professions pourraient être groupées ensemble, pour ne former qu'une société, ou on pourrait les diviser pour en créer plusieurs.

Mais à quoi bon de vous entretenir de changements radicaux et de vous donner le croquis d'une organisation nouvelle, dont l'exécution serait hérissée d'obstacles difficiles à vaincre, peut-être impossibles? Laissons là ce rêve philanthropique, et occupons-nous des sociétés qui fonctionnent depuis des siècles, qui ont fait beaucoup de bien, mais dont l'esprit n'a pas suivi la marche progressive de la civilisation. Il a perdu le pas, aidez-le à le reprendre.

Avant de commencer ce chapitre, nous avons relu le livre de M. Perdiguier avec tout l'intérêt que mérite la grande question du Compagnonnage; nous avons surtout porté notre attention sur la notice qui fait connaître l'origine des premières sociétés, leurs *fondateurs*, les *qualifications* que ces sociétés ont prises, *leur but moral*, leur *utilité*, leurs *usages*, les *divers grades* de compagnons, les *noms* qu'ils prennent lors de leur admission, les *dénominations* un peu bizarres par lesquelles les aspirants sont désignés usuellement, *l'usage barbare du hurlement*, les *excellentes réflexions* de l'auteur, les *révoltes des aspirants* contre leurs compagnons, *l'institution de la mère* ou maison de réunion, les fonctions du *rouleur*, le but des *assemblées mensuelles*, *l'embauchage*, le *levage d'acquit*, les *rapports des compagnons* avec les maîtres, les *services et secours*, les *surnoms des compagnons*, *l'origine des sobriquets*, le *topage*, les *rubans*, ou *couleurs*, les *cannes*, *l'équerre et le compas*, les *boucles d'oreille*, la *conduite en règle*, la *fausse conduite*, la *conduite de Grenoble*, les *fêtes patronales*, les *enterrements*, le *recrutement*, le *pèlerinage*, les *événements de 1834-38*, le *concours*, les *batailles et assassinats*, et enfin, *l'admirable récit de la rencontre de deux frères*.

Hé bien, après avoir fait cette intéressante lecture nous avons renoncé à traiter cette question, parce que nous sommes convaincus qu'elle a été épuisée par M. Perdiguier, et qu'il serait impossible, non seulement de dire mieux, mais de dire aussi bien. La situation du Compagnonnage lui est parfaitement connue; il a démontré le mal et indiqué le remède : il a parlé en homme sage, consciencieux éclairé ; il a conseillé ses frères en bon compagnon, en honnête homme, et, s'il n'a pas été compris, c'est que les âmes ne sont pas encore assez cultivées pour pouvoir profiter de ses heureuses inspirations. Nous nous sommes dit, après réflexion : si ce livre avait été lu par les ouvriers de toutes professions, la fraternité existerait parmi eux ; en douter serait faire injure à leur intelligence. Puisque cette union n'existe pas encore, il faut que le livre n'ait pas été lu, et nous nous empressons de vous en conseiller la lecture. C'est un ami du devoir proprement dit qui vous a parlé raison avec son cœur, écoutez son langage, suivez ses conseils, et vous aurez bien mérité du Compagnonnage et de tous vos frères les travailleurs. Pour nous, nous terminerons notre tâche en exprimant notre opinion sur chaque article de la notice de M. Perdiguier, touchant les usages du Compagnonnage, nous conserverons l'ordre de la notice.

ORIGINE

DES

PREMIÈRES SOCIÉTÉS.

Les recherches sur cette origine ont dû coûter beaucoup de peine à l'auteur ; il a rendu un grand service au Compagnonnage, qui n'avait rien de semblable. La biographie des fondateurs, *Salomon, Maître Jacques, Père Soubise*, n'est pas sans intérêt. L'ancienneté du Compagnonnage est bien respectable, puisqu'elle est antérieure à *Jésus-Chrit*. La désignation de Compagnon du Devoir est parfaite, en ce sens qu'elle est sage et sociale, et qu'elle rappelle à chaque instant à celui qui la porte, que toutes ses actions doivent être conformes à la morale sociale. Nous voudrions donc que tous les compagnons de tous les états adoptassent sagement, franchement, spontanément le beau titre de *Compagnon du devoir*, sans autre addition que celle de la *profession*. Ainsi, l'on dirait seulement dans le topage et partout : *Compagnon du devoir tailleur de pierre*, ou *serrurier*, ou *charpentier*, etc., etc. Cette simple modification conduirait naturellement à cette union fraternelle

3

qui est désirée par tous, et qui ne peut être durable et fructueuse que lorsqu'il n'existera plus qu'une seule société centrale qui dirigera toutes les subdivisions professionnelles. On tâcherait d'oublier les désignations bizarres, blessantes, arriérées, *de Loups, de Renards, de Chiens, de Gavots, de Dévorants, de Révoltés, de Drilles, de Fléaux des Renards, de Terreur des Renards, des Vieux, des Jeunes, des Damas, des Renégats, de Drogains, des Gamins, des Margajas, des Indépendants*, etc., etc., comme étant des causes réelles de jalousies, de divisions, de disputes et de luttes. Tous les ouvriers qui ne seraient pas compagnons et qui aspireraient à le devenir, ne seraient désignés que par le nom *d'Aspirants charpentiers* ou *menuisiers*, etc., etc., mais plus de *Lapins*, de *Bouquins*, etc. On doit proscrire ces appellations comme étant de mauvais germes qui ne peuvent produire que des fruits nuisibles. M. Perdiguier cite avec éloge (page 30) les serruriers qui ont donné un bon exemple de fraternité en faisant *mère commune* avec les menuisiers. Voilà du progrès moral qui fait du bien à lire et qui honore ceux qui en donnent l'exemple. *Les serruriers, les vitriers, les cloutiers, les couvreurs et plâtriers*, sont également cités avec éloge.

RÉFLEXIONS DE L'AUTEUR.

Les réflexions de M. Perdiguier, consignées dans les pages 47 et 48, sont excellentes et pleines d'enseignements utiles sur le Compagnonnage, sur ce qu'il est, sur ce qu'il devrait être, un seul devoir.

Elles nous apprennent des vérités telles que celles-ci, que les *menuisiers amis des charpentiers, sont ennemis des maréchaux*, que les *forgerons* repoussent les *maréchaux*; que les *forgerons* ont de la haine pour les *charrons*, parce qu'ils veulent porter leurs couleurs à une boutonnière aussi haute qu'eux, que les *tanneurs* et les *charpentiers* sont souvent en contestation avec les *tailleurs de pierre* pour un sujet aussi grave. N'est-ce pas affligeant de voir des hommes raisonnables, c'est-à-dire ayant l'âge de l'être, se désunir, vivre en état d'hostilité pour des causes aussi puériles? Mais, au nom de Dieu, ayons un réglement unique pour le port des couleurs; qu'il soit obligatoire pour tous, et que chacun s'y conforme religieusement. Ce régement serait facile si nous n'avions qu'une seule société, ne reconnaissant qu'un seul devoir pour toutes les professions.

Ces réflexions nous apprennent encore que les *vanniers*, les *doleurs*, les *tisserands*, les *sabotiers*, les *cordiers* vivent dans une sorte d'isolement; que les *boulangers*, les *cordonniers*, sont absolument repoussés par les autres corps d'état, comme indignes du Compagnonnage, eux qui concourent à la satisfaction de nos premiers besoins ? N'est-ce pas déplorable ? Que les *tisserands*, les *boulangers*, les *maréchaux* sont ennemis des compagnons *menuisiers et serruriers* du devoir ; que les *menuisiers* sont divisés en deux partis, les *jeunes* et les *vieux* ; que les *chapeliers*, les *maréchaux*, les *tanneurs*, les *cordonniers* sont ennemis ; que les *rendurcis boulangers* se battent avec les compagnons du même état ; que les aspirants *menuisiers* et *serruriers* se sont séparés de leurs compagnons : ils se nomment *indépendants*, et les compagnons les appellent *révoltés*. Il semblerait que le génie de la discorde ait soufflé toutes les épithètes irritantes qui sont en usage.

C'est pénible à dire, mais c'est la vérité, les inimitiés entre les ouvriers sont très multipliées, et rien ne peut les justifier. A un mal aussi grand, il faudrait appliquer le seul remède efficace, une réorganisation générale, conforme aux exigences de la civilisation actuelle. Est-ce possible ? Nous l'ignorons ; il faudrait être jeune et fort pour entreprendre cette grande œuvre.

LA MÈRE OU MAISON DE RÉUNION.

Cette institution est bonne, utile, morale, elle mérite des éloges et doit être protégée.

LE ROULEUR.

Nous dirons du rouleur comme de la mère, l'institution est bonne ; le compagnon serait bien dans l'embarras si personne ne l'aidait à trouver du travail dans la ville où il arrive, et à lever son acquit lors de son départ.

—

L'EMBAUCHAGE.

L'embauchage qui est l'admission de l'ouvrier chez le maître, par l'entremise du *rouleur*, ne se fait pas également dans les diverses sociétés : par exemple, chez les compagnons du devoir de liberté, le maître avance cinq francs, et il doit ignorer si l'ouvrier embauché est affilié ou compagnon. Cette condition d'ignorer, imposée au maître, ne nous paraît pas juste. Dans une autre société du devoir, on fait mieux, le maître donne cinq francs si c'est un compagnon, et trois francs si c'est un aspirant : c'est équitable, le travail de l'un ne vaut peut-être pas celui de l'autre. Il est bien désirable que les conditions de l'embauchage soient les mêmes pour toutes les sociétés, et que l'indemnité du rouleur soit bien fixée.

—

LE LEVAGE D'ACQUIT.

Le levage d'acquit est une institution morale qui fait honneur au Companonnage; il nous semble que la dernière loi sur les livrets doit apporter des modifications. Vous verrez.

—

ENTERREMENTS.

Les cérémonies funèbres, dans le Compagnonnage, se font très convenablement et sont très bien ordonnées : on y remarque l'ordre, la tenue, la décence et le recueillement; mais elles ne se font pas uniformément pour toutes les sociétés, ce qui est regrettable : nous réclamons encore à ce sujet les bienfaits d'un réglement général, parce que nous nous obstinons à considérer le compagnonnage comme un régiment dont toutes les compagnies suivent la même consigne.

Les enterrements nous offrent, comme les fêtes patronales, des distinctions qui blessent le principe d'égalité. Cependant, là, près d'une tombe, en présence de la mort qui nous rend forcément tous égaux, sur cette terre qui nivelle sans egard toutes les petites vanités de ce monde, on voit avec douleur que des idées de supériorité dominent encore nos âmes, puisque après la cérémonie, les aspirants et les compagnons vont chacun de leur côté boire, suivant l'usage, à la santé de celui qui est parti pour l'éternité. Si vous étiez tous réunis autour de la même table, comme vous l'étiez tout à l'heure autour de la même tombe, le vin serait meilleur, vos cœurs plus contents. Essayez-en.

—

RECRUTEMENT DU COMPAGNONNAGE.

Cet article, qui fait connaître le but du tour de France et la force du Compagnonnage, nous confirme dans l'opinion que plus une association est puissante, plus il importe qu'elle obéisse à la même loi.

—

RAPPORTS DES COMPAGNONS AVEC LES MAITRES.

Ces rapports sont très sagement combinés et réglés. Nous admettons tout, jusqu'à l'*interdiction*, qui trouble l'ordre et engendre des procès : interdire à un citoyen de gagner sa vie, c'est le condamner à mort, la loi seule le peut. Si un maître persiste à être injuste envers un ouvrier, il faut le citer au tribunal des prud'hommes. Ce tribunal, à Lyon, rend de grands services aux

ouvriers, qui acceptent avec confiance ses arrêts
dont les journaux rendent compte. Il faudrait
de semblables tribunaux pour toutes les professions, et les composer de maîtres et de compagnons, dans des proportions équitables.

SERVICES ET SECOURS.

Les services et secours que les compagnons se
prêtent et se rendent sont admirablement bien
organisés. On doit en féliciter le Compagnonnage
dont les lois commandent l'amour et l'abnéga-
tion. Honneur aux hommes qui savent aimer et
secourir leurs frères ! Mais, partageant l'opinion
de l'auteur, nous formons des vœux pour que
ces sentiments généreux et chrétiens soient ap-
pliqués non seulement aux amis de leur société,
mais à l'humanité entière, sinon de fait, au
moins d'intention.

SURNOMS DES COMPAGNONS.

Les surnoms ont pu avoir leur utilité dans les
temps bien loin de nous, où le Compagnonnage
était persécuté ; mais aujourd'hui ils sont inutiles, ridicules et nuisibles à la fraternité ; ils
sont passés de mode. Notre civilisation demande

que nous ne portions que le nom de notre père
en y ajoutant le noble titre de compagnon du
devoir. Cela suffit pour être reconnu et honoré
de tous, si réellement notre conduite le mérite.

LES SOBRIQUETS.

Les sobriquets, quels qu'ils soient, sont détestables, ils sont toujours pris en mauvaise part;
ils blessent, ils irritent, ils provoquent les haines, les querelles et les coups ; ils sont d'autant
plus dangereux, que lorsqu'un homme est atteint d'un sobriquet, il est aussi impossible de
le lui ôter que de détruire la mauvaise impression qu'il a laissée dans les esprits. Dans un
régiment, cette tache ne s'enlève qu'avec du
sang. Ainsi, mes amis, guérissons-nous des sobriquets, et n'appelons nos frères que par leurs
noms propres.

LE HURLEMENT.

Le hurlement pouvait convenir au temps de
Salomon ; mais à présent que la musique civi-
lisatrice est passée dans nos rangs laborieux,
et que nos ouvriers chantent admirablement en

chœur, il n'est plus permis aux compagnons de hurler dans leurs cérémonies, sans rester arriérés d'un millier de siècles. Nous faisons des vœux pour que cet usage barbare se perde insensiblement et disparaisse du code qui régit le Compagnonnage des professions qui hurlent encore.

LE TOPAGE.

Le topage est pour les compagnons ce qu'est le *qui vive* pour les militaires en faction : si la réponse n'est pas amicale, fraternelle, les hostilités commencent. Si nous n'avions qu'un *devoir*, le topage serait sans danger, il rentrerait dans son origine, dont le but louable l'avait fait adopter par les compagnons en voyage. Espérons qu'un jour viendra où on ne répondra plus que les mots *ami, compagnon de telle profession.* Alors, les rencontres naguère brutales, sanglantes, deviendront douces, sympathiques, fraternelles et fructueuses aux ouvriers voyageurs.

LES RUBANS OU COULEURS.

Les couleurs sont considérées par les compagnons, comme le drapeau de la société à laquelle ils appartiennent, et ils exposeraient militairement leur vie pour les soutenir et les conserver dans leur pureté. Le port de ces couleurs devrait être réglé avec précision pour chaque profession, afin de prévenir les contestations que la longueur, la largeur, la hauteur de l'attache peuvent faire naître.

LES CANNES.

Les cannes ont pour les compagnons une importance à peu près semblable à celle des couleurs. La grosseur, la longueur, les garnitures de fer ou de cuivre dont elles sont armées, varient suivant les sociétés. Nous dirons pour les *cannes*, comme pour les *couleurs*, qu'il serait désirable qu'un réglement fixât une dimension uniforme, pacifique pour toutes les professions.

L'ÉQUERRE ET LE COMPAS.

L'équerre et le compas sont les attributs de tout le compagnonnage, parce qu'on fait dériver le mot *compagnon* de *compas*; ainsi que le dit avec raison M. Perdiguier ; mais comme beaucoup de professions qui ne se servent pas de ces instruments veulent néanmoins en porter les signes, il en résulte des querelles et des luttes qui font sentir le besoin d'un réglement général, qui déterminerait les attributs de chaque société, lesquels devraient toujours êtres propres à faire reconnaître la profession exercée par les compagnons, ainsi que cela se pratique par quelques corps d'état dans les boucles d'oreilles. .

Les boucles d'oreilles sont passées de mode ; on pourrait avec avantage les remplacer par un anneau d'argent de la même forme pour tous les états, et sur lequel serait gravé l'attribut de chacun. Ceci ne s'adresse qu'à ceux d'entre les compagnons, qui sont dans l'usage de porter ostensiblement ces attributs.

LA CONDUITE EN RÈGLE.

Cette conduite est morale, fraternelle et elle mérite des éloges en tous points s'il n'y a pas eu de *hurlement*. Rien n'est plus doux, plus touchant, plus social que d'accompagner un frère estimable qui nous quitte pour compléter son instruction professionnelle : les regrets de ses amis rendent sa marche plus légère et l'encouragent à mériter par la même conduite l'estime et l'amitié des nouveaux frères qu'il va trouver : lorsqu'on pense qu'on est aimé on ne sent pas la fatigue du voyage.

LA FAUSSE CONDUITE.

La fausse conduite n'a pas un côté pardonnable. Il faut que M. Perdiguier l'ait signalée pour que nous croyions qu'elle ait existé. Ses résultats sont des crimes, n'en parlons plus et espérons que le compagnonnage n'aura plus à déplorer un nouvel exemple de cette sauvagerie.

LA CONDUITE DE GRENOBLE.

Cette conduite, qui est une flétrissure morale pour le compagnon qui a failli à l'honneur, part d'un principe excellent, elle doit être maintenue dans tout ce qui touche à la dégradation morale la plus humiliante. Aller au delà, c'est une erreur blâmable; qu'est-ce que vous avez voulu punir? c'est l'âme du voleur, vous en avez le droit; mais son corps ne doit être touché que par le bourreau. Le compagnon se salirait et lui ferait trop d'honneur. Ainsi, nous n'approuvons ni les *verres d'eau*, ni les *soufflets*, ni les *coups de pied*.

FÊTES PATRONALES.

La célébration de ces fêtes est morale, elle est l'occasion de rapprochements entre les maîtres et les compagnons. Le principe de fraternité y est remarquable ; mais pourquoi celui d'égalité est-il exclu de ces réunions? Pourquoi deux tables et deux bals? Pourquoi les compagnons et les aspirants ne mangent-ils pas, ne dansent-ils pas ensemble, comme cela se voit dans quelques sociétés? Cette susceptibilité des premiers n'est pas chrétienne, elle est un peu féodale et touche au ridicule. On doit voir plus juste au dix-neuvième siècle. Nous aurions encore une observation à faire sur ces fêtes patronales payées par les cotisations, c'est que l'économie n'y préside pas toujours, et que l'on dépense follement des fonds destinés à des secours souvent attendus par des frères qui souffrent. Pensons-y afin de devenir économe.

REMERCIMENT.

Le remerciment, qui e st le certificat ou le congé accordé au compagnon qui se retire d'une société, n'est pas le même pour toutes : il en est desquelles on ne se retire jamais ; nous n'avons pas encore trouvé un article où les sociétés observent les mêmes règles. Les sociétés de secours mutuels pour les ouvriers qui n'appartiennent pas au compagnonnage actif sont d'excellentes institutions bien réglementées et qui donnent des résultats fraternels, humains

jusqu'au de là de la tombe ; il y en a plus de
100 à Lyon, et Paris en compte, dit-on, 300.

LE PÉLERINAGE.

Tout ce qui porte l'homme à se rapprocher
du *Christ* pour se pénétrer de sa divine morale
est bon, louable, respectable ; mais il faut se
garantir d'une exaltation qui pousse aux idées
superstitieuses et à l'intolérance.

LES CONCOURS.

Si les concours ne devaient produire que des
chefs-d'œuvre en excitant l'émulation des travailleurs, nous en demanderions la multiplica-
tion ; mais puisqu'ils finissent par des batailles,
des siéges de villes, et des haines séculaires, nous
pensons qu'on doit abandonner les concours et
renoncer au progrès dont ils pouvaient être une
source féconde.

LA RENCONTRE DES DEUX FRÈRES.

Nous avons passé l'article des batailles et assassinats, parce qu'il nous fait mal et que vous

connaissez notre opinion sur ces luttes fratricides, pour arriver à la rencontre des deux frères.

Ce chapitre est admirable : nous ne pourrions
jamais exprimer tout le bien que nous en pensons. On ne peut rien citer, il faudrait tout copier. Nous nous bornerons à dire que notre
vœu le plus sincère pour le bonheur à venir des
compagnons, c'est que *tous sans exception* aient
dans leur poche un exemplaire de ces vingt pages qui valent mieux que les volumes qui ont
pu être publiés sur la même matière. (Vous
trouverez à la fin du volume, comme un témoignage de la sincérité de nos vœux, le chapitre
de la rencontre des deux frères.)

RAPPORTS DES OUVRIERS AVEC LES

AUTRES CLASSES DE LA SOCIÉTÉ.

Les classes laborieuses, bien méritantes assurément et dont nous venons de vous entretenir,
ne sont pas les seules qui composent la grande
famille française ; il en est une infinité d'autres
que vous connaissez aussi bien que nous, puisque
vous vivez avec elles, mais dont l'utilité échappe
à votre raison, ce qui vous rend souvent injustes envers elles. C'est le faible de l'homme en
général, d'envier la position qu'il croit être supérieure à la sienne, et à son insu il en devient

hostile. C'est un malheur, un défaut de jugement. Le désaccord que nous avons remarqué entre les ouvriers de professions diverses existe aussi entre les classes sociales : elles sont jalouses les unes des autres, parce qu'elles ne comprennent pas qu'elles ne peuvent exister les unes sans les autres. Par exemple, le travailleur regarde comme inutile celui dont les bras ne sont pas occupés comme les siens ; il l'appelle *bourgeois*, ce qui veut dire pour lui *paresseux*, *vivant sans rien faire;* il n'a pour lui aucune sympathie ; il ne l'aime pas comme un frère. C'est une erreur grave, antisociale ; nous vous ferons connaître l'utilité du *bourgeois,* afin que vous changiez d'opinion à son égard et que vous l'estimiez comme votre égal et non comme un supérieur.

Au surplus, dans le Code d'éducation, publié en 1844, nous avons fait connaître aux diverses classes de la société les devoirs sociaux que la morale prescrit à tous les hommes civilisés. Nous avons rappelé aux riches et puissants les paroles du *Christ, Liberté, égalité, fraternité;* nous leur avons montré les pauvres, les ouvriers, les travailleurs, en un mot tous les producteurs comme des frères estimables, indispensables à leur bonheur, qu'ils doivent aimer tendrement les aider et les encourager de leurs conseils, de leur bourse et surtout par des procédés qui ne puissent jamais les humilier.

Dans notre civilisation, on ne peut pas dire qu'il y a deux espèces d'hommes, l'une qui *pro-*

duit, l'autre qui *consomme* : cela n'est vrai que là où l'esclavage existe ; mais chez nous, pays libre, nous sommes tous à la fois *producteurs* et *consommateurs*. Nous produisons pour nous et pour nos frères et nous consommons ce qui a été produit par nos frères et par nous. Nous sommes tous associés pour travailler de concert à notre bonheur mutuel. Lorsque nous vous aurons démontré cette vérité, vous reconnaîtrez que toutes les classes de notre grande famille française sont des sœurs également utiles, dont nous ne pourrions pas nous passer, et qu'elles se doivent réciproquement *protection, estime, amour* et *reconnaissance*. Un peuple civilisé ressemble à une chaîne, dont un seul anneau ne peut être rompu ni détaché sans nuire à sa solidité, sans affaiblir les autres anneaux. Commençons notre démonstration.

Pourriez-vous vous passer du marchand en détail établi dans les villes, bourgs et villages, qui achète tous les produits que vous portez aux marchés, et qui vous les revend journellement suivant vos besoins ? Que ferions-nous de nos produits si personne ne nous en débarrassait, si nous ne pouvions pas les échanger contre de l'argent ? Que deviendrions-nous s'il n'y avait pas une boutique, un magasin où nous sommes assurés de trouver à toute heure les objets qui nous sont nécessaires ? Vous voyez que le marchand n'est pas un *bourgeois* à dédaigner, mais un frère très utile que nous devons aimer. Ceci s'applique à tous les détaillants en général.

Pourriez-vous vous passer du marchand en gros que nous appelons négociant? pas davantage. Le *négociant*, qui fait aussi la commission, la banque, a une autre importance que le marchand en détail : c'est lui qui par son génie prévoit, devine les besoins des populations, et qui pour les satisfaire procure du travail à de nombreux ouvriers ; c'est lui qui exporte à l'étranger le superflu de nos productions nationales et qui nous rapporte des autres parties du monde les objets qui nous sont devenus indispensables tant pour nos aliments que pour nos industries : Le *sucre*, le *café*, le *poivre*, le *coton*, les *drogues*, etc., sont maintenant pour nous de première nécessité. Vous conviendrez donc que le négociant est aussi un frère producteur très utile à notre association. Savez-vous qu'un vrai négociant est un homme d'un grand mérite ; qu'il doit connaître les langues, les lois, les usages, les besoins et les productions de tous les peuples du monde, et que de son cabinet, avec sa plume, il fait mouvoir des milliers de bras dans tous les comptoirs de l'univers.

Pourrions-nous ne pas voir des frères dans les *propriétaires* grands et petits, nous qui pouvons tous l'être ou le devenir ? Le propriétaire de terres bien acquises et non volées, comme celles de la Pologne, est un frère très estimable ; il occupe des travailleurs, il alimente nos marchés, et ses consommations sont fructueuses à toutes les industries et conséquemment à tous les ouvriers.

Pourrions-nous nous passer des *médecins*, des *chirurgiens*, des *pharmaciens*? Non : ce sont des frères, des savants qui ont fait de longues études pour pouvoir nous rendre des services que l'argent seul ne saurait payer ; il faut que le cœur y mette l'appoint.

Pourrions-nous nous passer des *notaires*, qui font tous nos contrats de vente, d'achat, de mariage, d'associations diverses ; qui rédigent nos testaments, et qui sont les gardiens des titres qui justifient de nos droits dans les divers partages de successions ? Non ; ce sont donc des frères qu'il faut aimer et considérer, s'ils remplissent honorablement leurs fonctions qui sont des devoirs.

Pourrions-nous nous passer des *avocats*, des *avoués?* Oui, si nous étions tous bons chrétiens, c'est-à-dire justes et bienveillants les uns pour les autres ; mais notre nature est si peu chrétienne, que les procès ne manqueront jamais aux tribunaux, et nous sommes malheureusement condamnés à considérer comme des frères utiles les *juges*, les *procureurs* et les *avocats*. Ces derniers ont d'honorables missions à remplir ; ils défendent la veuve et l'orphelin contre leurs spoliateurs, le faible, contre l'injustice du fort ; ils font reconnaître l'innocence de celui qui est faussement accusé d'un délit ou d'un crime, et le font réhabiliter ; ils démasquent le faux témoin et l'ignoble dénonciateur ; ils portent dans les cachots aux malheureux prisonniers les conseils, les secours, le courage, les consolations dont ils ont besoin. Souvent l'avocat sauve la fortune, la vie et l'honneur d'une famille ; nous devons le regarder comme un frère bien utile à l'humanité, s'il poursuit consciencieusement sa noble carrière.

Pourrions-nous nous passer de nos *savants*, de nos *philosophes*, de nos *auteurs*, de nos *hommes de lettres*, de nos *artistes*, dont la France est glorieuse, qui appartiennent à l'humanité entière qu'ils éclairent et que tous les peuples nous envient ? Non : ces hommes d'élite sont des producteurs ; ils produisent plus que nous, plus qu'ils ne consomment, et nous devons les aimer, les estimer comme de vrais frères.

Voilà à peu près tous les hommes dont le travail n'est pas manuel et que vous appelez *bourgeois*, parce que leur costume n'est pas rigoureusement semblable au vôtre. Dites-nous, maintenant que vous les connaissez tels qu'ils sont réellement et tels qu'ils doivent être, n'avez-vous pas un peu plus d'estime pour eux ? Votre raison, vos cœurs ne vous disent-ils pas que ce sont des membres utiles de la grande famille, et qu'ils méritent bien que vous leur donniez le doux nom de frère ?

Nous devons aussi parler des hommes qui sont salariés par le trésor national, c'est-à-dire par nous tous qui contribuons à le remplir annuellement, suivant la loi du budget qui fait légalement la répartition des charges de l'Etat entre tous les citoyens. Ce sont les *armées de terre et de mer*, les *magistrats*, les *juges*, les *administrateurs*, les *fonctionnaires publics*, les *employés des bureaux*, dans les administrations civiles et militaires : jusqu'aux gardes champêtres, tous ces travailleurs sont indispensables dans notre organisation sociale ; ce sont les rouages, les engrenages sans lesquels notre machine gouvernementale ne pourrait pas fonctionner. Ainsi, vous le voyez : cette classe nombreuse d'agents payés par l'état, dans notre intérêt à tous, doit être considérée par nous, non comme des êtres inutiles et à charge, ce que nous pensons quelquefois et à tort, mais comme des producteurs nécessaires et des frères que nous devons aimer.

Encore une autre classe d'hommes payés par l'État et qui ont droit à toutes vos sympathies ; ce sont les *rentiers* et *pensionnaires* militaires et civils. Ils sont nombreux et ne produisent presque plus que par leurs consommations. Mais nous ne devons pas oublier que ces frères sont des invalides mutilés pour nous, qui ont laissé de beaux souvenirs, qui ont donné de bons exemples à suivre, et enfin qui nous ont rendu pendant de longues années des services qui leur donnent des droits à notre amour et à notre respectueuse reconnaissance.

Les prêtres, les ministres du culte divin, n'importe lequel, sont des hommes à part que nous devons respecter s'ils sont tolérants, nationaux, humains (comme ceux qui viennent d'exprimer chrétiennement leurs sympathies pour les victimes polonaises). Ce sont les dignes gardiens de la morale du Christ qu'ils enseignent à la jeunesse ; ils prennent l'homme à sa naissance et le suivent jusqu'au tombeau, même au delà ; nous leur devons donc et à juste titre protection, amour, respect et reconnaissance ; ainsi qu'à ces excellentes sœurs de charité qui partagent leurs travaux chrétiens et qui, de plus, soignent nos malades, nos blessés, dans les hôpitaux, dans les prisons, partout et toujours, avec une charité aussi douce et intelligente que courageuse, aussi touchante qu'admirable.

Nous arrivons à la clé de voûte de l'édifice moral de notre organisation sociale, le *Roi*, à qui la Charte a donné la puissance de faire le bien, beaucoup de bien. C'est le chef constitutionnel de l'État. Tous les Français, sans exception, sont ses enfants ; tous ont des droits égaux à sa justice, à sa protection, à sa bienveillance, et nous lui devons amour, respect et en mot tous les sentiments prescrits par la piété filiale.

En parcourant sommairement, comme nous venons de le faire, toute l'échelle sociale de notre civilisation, qu'avons-nous trouvé ? Un *père* et des *millions de frères* dont nous avons démontré le concours utile pour atteindre le but que les hommes se proposent en s'associant ; leur bonheur mutuel. Rien de plus : pas un ennemi, pas un membre inutile.

Réfléchissons, raisonnons, et nous nous aimerons sans aucun doute, parce que nous aurons reconnu que les enfants du même Dieu ne doivent travailler moralement qu'à leur félicité réciproque. Si nous sommes parvenu à porter cette conviction dans vos âmes, nous serons bienheureux. Devons-nous l'espérer?

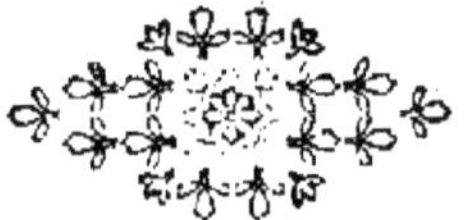

EXTRAIT

DU

LIVRE DE M. PERDIGUIER,

SUR LE COMPAGNONNAGE.

LA RENCONTRE DE DEUX FRÈRES.

Un jour, après une marche longue et forcée, je me reposais sous un arbre peu distant de la grande route. Là, promenant ma vue sur le chemin que j'avais parcouru, je vis venir un compagnon ; puis, tournant du côté par où je devais continuer mon voyage, j'en vis venir un second. Ils se faisaient face, marchaient tous deux la tête haute en se fixant avec des yeux où je lus tout d'abord leur bizarre intention. Enfin, n'étant plus séparés que par un court espace, l'un s'arrête brusquement, fait couler à terre le paquet qu'il portait au bout de sa canne, prend une pose martiale, et profère ces cris redoutables : — Tope pays ! quelle vocation ? — L'autre ayant également pris une attitude fière, répond : compagnon cordonnier, et vous, le pays ? — Le pays répond à son tour qu'il est compagnon maréchal dans l'âme et dans les bras, tout prêt à le faire voir. Aussitôt ils s'avancent, ils se trouvent face à face ; un colloque injurieux s'engage. Le maréchal dit à son émule : — Passe au large, sale puant ! — Le cordonnier lui répond : — Passe au large toi-même, ô noir gamin ! — Et là, dressés l'un devant l'autre, ils se lancent des regards foudroyants ; leur bouche vomit les imprécations les plus atroces, les injures les plus dégoûtantes. Ayant épuisé tous les traits que leurs langues pouvaient décocher, ils en viennent aux mains ; armés chacun d'une longue et sol.de canne, ils font quelques évolutions, quelques rapides moulinets, puis, s'élançant avec impétuosité, se portent réciproquement de rudes coups ; le sang jaillit des deux côtés et le combat ne se modère point. Mais, après avoir longtemps combattu avec un acharnement difficile à décrire, le maréchal, exténué de fatigue, meurtri, saignant, chancelle, tombe et s'allonge sur la poussière épaisse du chemin. Le cordonnier impitoyable ne retient point sa fureur ; il frappe encore ; il déchire son adversaire renversé..... il le déchire ! Mais quelle ne fut pas sa surprise, quel ne fut pas son abattement ! quel changement subit ne s'opéra-t-il pas dans tout son être, lorsqu'il aperçut sur les bras nus, sur la poitrine découverte de son ennemi vaincu, des signes distincts, des marques non équivoques qui le frappent, qui lui font promptement reconnaître dans celui qui gît sur la poussière, Laurent !..... Laurent, son frère bien-aimé ! — O mon frère ! s'écria-t-il, je suis François, ton frère et ton ami ! Oh ! pardonne. Et, se précipitant sur lui, il le prend, le relève, le serre dans ses bras..... Ils s'embrassent tous deux....., ils pleurent ; mais dans ce moment la douleur est assoupie, et leurs pleurs sont doux, et leurs larmes sont des larmes de bonheur et de joie. Dès lors, moi, témoin de cette scène détestable, puis touchante, j'approche en disant : — Mes amis, permettez à un ouvrier menuisier, à un compagnon de liberté, de mêler ses larmes aux vôtres ; et ils m'accueillirent favorablement. J'ajoutai : Mettons toute prévention de côté, car nous sommes également des hommes, et au lieu de nous haïr et de nous faire du mal, aimons-nous et soulageons-nous mutuellement.

Dans ce moment François, qui n'avait cessé de soutenir son frère dans ses bras, le soulève, le porte sur le bord de la route, et le pose sur un tapis de gazon. Après avoir reçu quelques soins, après avoir goûté quelques instants de repos, Laurent sentit ses forces renaître ; il se releva ; nous le prîmes chacun sous un bras, et marchant tous trois côte à côte, nous nous dirigeâmes à petits pas vers la ville la plus prochaine. Après avoir marché pendant une heure, nous y arrivâmes heureusement. Nous entrâmes dans la première auberge, laquelle était remplie d'un grand nombre de compagnons et de divers états et de divers devoirs qui s'y étaient réunis pour discuter des intérêts qui leur étaient com-

muns. Quelque bruit de ce qui venait de se passer ayant déjà transpiré jusque-là, ils témoi-
gnèrent le désir de nous avoir parmi eux, et
nous passâmes à leur table sans difficulté.
Quand nous eûmes, par quelques aliments,
réparé nos forces, un des compagnons pria les
deux frères de faire le récit de leur rencontre
extraordinaire; ce que, malgré leur bonne volonté, ni l'un ni l'autre ne purent accomplir,
tant ils étaient émus. Dès lors, plusieurs compagnons tournèrent leurs regards sur moi et
semblaient me demander de satisfaire leur désir.
Je pris donc la parole, je leur racontai l'aven-
ture dont je venais d'être témoin, et mon récit
les toucha profondément. Leurs cœurs étaient
attendris, leurs bouches étaient muettes, nul
bruit ne troublait le silence. Inspiré par une
si heureuse 'disposition, je cède à l'entraînement de mes pensées : « Eh bien ! mes amis,
leur dis-je, une telle rencontre n'est-elle pas de
nature à nous éclairer, à jeter dans nos âmes
des sentiments plus nobles et plus élevés, à
nous faire comprendre enfin combien il est
barbare et ridicule de regarder comme ennemi
quiconque n'appartient point à notre société?
Vous savez à combien de maux nous expose
cette fièvre d'intolérance. Permettez-moi, à
ce sujet, de rapporter un fait qui m'est personnel.

« Je partais d'un pays, je faisais un voyage
à pied; je rencontre sur la route, dans un lieu
presque sauvage, un ouvrier à peu près de mon

âge. Je ne l'avais jamais vu, je n'avais pas plus entendu parler de sa personne que lui de la mienne ; nous ne nous connaissions d'aucune manière ; mais par quelques mots d'un vieil usage, il provoque de moi une courte explication. Il en résulte que nous ne sommes pas du même Compagnonnage. Nous sommes donc ennemis ; il faut donc se battre. En un mot, je suis attaqué, je dois me défendre, et je me sers de ma force et de mon adresse, des armes que la nature m'a données, et de celles que le hasard fait tomber entre mes mains (car lui en était pourvu). Ainsi deux jeunes gens, qui se rencontrent dans un chemin solitaire au lieu de s'aborder amicalement en s'offrant de mutuels services, s'abordent en forcenés, se font tout le mal qu'ils peuvent se faire, et se déchirent comme des tigres en furie ! Et, remarquez-le, on ne se bat pas toujours un contre un. Souvent plusieurs hommes tombent sur un faible individu. Ils l'écrasent, le dépouillent, et courent se vanter à leurs camarades d'avoir fait une grande prouesse. On voit des combats partiels ; on voit aussi deux sociétés rivales se donner rendez-vous et se livrer dans les champs une bataille sanglante. Et quel motif a pu provoquer un tel désordre ? C'est ce qu'on ne peut expliquer. Mais le résultat de cette grande mêlée sera-t-il favorable a quelqu'un ? Point du tout : on se bat pour se battre, et par toute sorte de moyens ; on se sert du poing, du bâton, des instruments pointus et tranchants ;

on se blesse, on se tue ; la force armée accourt ; les combattants se séparent, se dispersent et fuient ; mais il en reste toujours entre les mains de l'autorité. Partant de là, les empoignés sont mis en prison, les blessés à l'hôpital, les morts au cimetière. Ainsi finit cette journée, ainsi se vide le champ de bataille ; et ceux qui se sont sauvés par la fuite, en supposant même qu'ils ne seront point poursuivis, ne sont pas sans punition, parce que tous les membres qui res-tent libres ont des frais énormes à supporter, soit pour le soin des malades, soit pour l'entre-tien des prisonniers, soit pour soutenir le pro-cès qui survient ensuite entre les deux sociétés, et où les vainqueurs et les vaincus sont égale-ment petits.

« Vous le voyez, les résultats ordinaires, les conséquences inévitables de ces fatales collisions sont pour nous la ruine, la déconsidération, la mort. Nul n'y gagne : tout le monde y perd. De là nos sentiments s'aigrissent, notre esprit s'obs-curcit, notre âme se dégrade ; dans nos pensées plus rien de grand, de généreux ; dans notre entendement tout devient trouble et confusion. Aussi tout travail d'application nous devient impossible jusqu'à ce que le temps, la paix et la raison nous aient ramenés à notre état na-turel. Alors, alors seulement nous pouvons nous livrer de nouveau à cette étude paisible des arts et des sciences ; étude qui a tant d'attraits, tant de charmes pour nous, et que de tels mal-heurs ne devraient jamais interrompre. Je conviens cependant que depuis quelques années ces désordres sont moins fréquents, que les hommes, en général, commencent à penser sérieusement, que le fanatisme trouve partout des adversaires qui le combattent et le détruiront, que des voix généreuses appellent de toutes parts le peuple à la lumière et à l'émancipation. Eh bien ! je joindrai ma faible voix à ces voix puissantes, et je vous dirai : O mes camarades, nous vivons dans un siècle avancé, sachons le comprendre ; nous sommes pauvres, nous sommes ouvriers, mais nous sommes hommes ! Pénétrons-nous de cette grande idée, et relevons notre moral et notre condition. Considérez que nous ne sommes pas d'une substance moins délicate, moins pure que les riches ; que notre esprit, que notre sang, que notre conformation n'ont rien de différent de ce qu'on voit en eux ; que les progrès étant dans les lois de la nature, nous devons nous dépouiller de nos erreurs et de nos vices. Oui, sortons des ténèbres qui nous environnent, développons notre intelligence, acquérons des talents, des vertus ; travaillons à nous éclairer, à nous rendre bons, et répandons sur nos camarades les connaissances, les vérités que nous aurons acquises ; invoquons la justice, l'amour, la fraternité. Nous sommes enfants d'un père commun, nous devons vivre tous en frères. La liberté, l'égalité doivent se combiner et régner de concert dans la grande famille humaine.

« Renonçons donc, chers compagnons, à toutes ces rivalités mesquines qui nous abaissent, nous avilissent et nous font un mal réciproque. Vous en êtes témoins, deux frères se sont meur- tris de coups : tirons de cet événement un en- seignement profitable. Je compte sur vous, ô mes amis; j'ai vu vos yeux trempés de douces larmes, je vois que votre âme s'élève, qu'une voix intérieure vous touche et vous persuade de la noble mission que nous devons remplir. Oui, répandons dans l'esprit de nos frères les idées neuves dont nous sommes pénétrés, et qu'à leur tour ils puissent faire entendre ces mots sacrés : union, concorde, justice, amour, fraternité. Alors une grande régénération sera faite ; alors les compagnons, groupés plus intimement, ne craindront ni la misère ni l'oppression, et le Compagnonnage sera un vaste foyer de lumière et de fraternité. »

A peine avais-je cessé de parler, que tous di- rent ensemble : Oui, nous voulons la justice et la fraternité! oui une voix intérieure nous per- suade de la noble mission que nous devons en- treprendre et que nous remplirons avec persé- vérance! Et l'enthousiasme fut au comble, le contentement, le plaisir, la joie étaient peints sur les visages, et chacun jouissait en soi d'un bonheur inexprimable.

Ainsi se termina la journée ; on fixa une réu- nion au lendemain, on se retira. Les deux frères et moi, restés dans l'auberge, nous fûmes nous mettre au lit, nous passâmes une nuit heureuse. Le matin, nous nous rendîmes à l'assemblée, que nous trouvâmes plus nombreuse que nous n'aurions pu le penser. Tous les compagnons de la ville y étaient accourus, et, à notre grande satisfaction, chacun y pensait comme il avait pensé la veille. L'isolement, la réflexion n'avaient rien changé, n'avaient rien refroidi ; au contraire, de bonnes idées s'étaient développées. Les compagnons se formèrent en cercle, le plus ancien d'âge fut fait président. Un tailleur de pierres, compagnon étranger, nommé La Fleur de Lavaur, prit la parole en ces termes :

« Mes pays et coteries, le discours prononcé hier, et qui a produit en nous une impression si profonde, est plein de vérité, et sa tendance me plaît infiniment ; mais le but de celui qui l'a prononcé n'étant pas de faire spécialement notre éloge, on y rencontre certains passages qui révèlent des faits qui ne sont pas à notre avantage. Des ouvriers qui ne savent point apprécier les bienfaits de l'association en concluront contre nous, et déclameront à outrance contre le principe qui nous unit. Je veux d'avance, et à l'instant même, répondre à toutes leurs déclamations par le parallèle que j'établis et que je leur adresse. — Quand vous arrivez dans une ville, vous pouvez vous trouver sans argent, sans connaissance, et par conséquent sans pain, sans gîte, sans crédit ; et si vous ne trouvez promptement de l'ouvrage, que devenir ? Quand nous arrivons dans une ville, sommes-nous sans argent, qu'importe ; nous allons chez la mère, nous y trouvons des amis, des frères nouveaux qui nous procurent le travail, la nourriture, le logement, qui nous font connaître les mœurs, les usages, les beautés de la ville, et nous sommes sans inquiétude.

» Si vous avez le malheur de perdre la santé, la maladie, l'isolement, l'ennui, la misère vous assiégent de concert : nul appui, nulle consolation.

» Si nous avons le malheur de tomber dans un tel état, nous recevons journellement les visites de nos frères, qui nous apportent des secours et les encouragements qui font tant de bien.

› Si dans un atelier le maître veut vous faire un passe-droit, livrés à votre faiblesse, vous êtes contraints de le subir.

» Nous, dans le même cas, le premier compagnon se rend auprès du maître, et, fort des pouvoirs que la société lui confère, plaide notre cause et la fait triompher.

› Si des maîtres, en se coalisant, conspirent contre les salaires des ouvriers, vous ne pouvez point, ô vous hommes isolés, détourner le mal qui vous menace ; mais les compagnons, faisant dès lors trêve à toute rivalité, se concentrent, se forment en faisceaux, et, forts par leur union, conjurent l'orage qui grondait sur leur tête, et qui allait infailliblement tomber sur vous comme sur eux.

› Si vous êtes l'objet d'une attaque injuste, rigoureuse, qui viendra à votre secours ? Vous êtes indifférents pour tous, tous sont indiffé-

rents pour vous. Qu'un de nous soit l'objet
d'une agression dangereuse, formidable, la société l'a su, elle accourt en tumulte; on a frappé
un frère, le coup a retenti, tous les frères
accourent, ils vont le délivrer ou partager son
sort.

» Vous, jeunes encore, sans expérience, sans
guides, vous courez grand risque de vous éga-
rer. Nous, sous l'œil attentif de nos chefs, qui
sont habituellement les plus instruits, les plus
laborieux, les plus respectables de la société,
nous ne pouvons dévier de notre droit chemin.
Nous recevons de sages conseils qui nous font
aimer le travail, l'ordre, la vertu. Celui qui
s'écarte quelque peu de ses devoirs est en par-
ticulier ou en pleine assemblée réprimandé fortement; celui qui commet une action basse reçoit une punition proportionnée à son délit; celui
qui pèche gravement contre la probité est flétri
moralement et chassé sans retour de la société : sévérité exemplaire qui fait ouvrir les
yeux à ceux qui seraient quelquefois tentés de
mal faire.

» Je conclus que celui qui voyage seul, sans
liaison avec d'autres ouvriers, résiste mal aux
coups de la misère et de l'oppression, que rien ne
l'encourage et lui facilite les moyens de s'instruire; qu'il néglige souvent les choses les plus
essentielles ; qu'ainsi, isolé et rapportant tout à
son individualité, il devient froid et égoïste,
bienheureux quand d'autres vices ne viennent
pas se joindre à ceux-là.

» Celui qui voyage attaché à une Société, au contraire, déteste l'égoïsme, l'arbitraire, et sait leur résister ; il a le sentiment de l'égalité , de la fraternité, et son dévoûment est sans bornes Non, il n'agit pas pour lui exclusivement, mais pour tous ses frères. Il ne demande pas si le bien produit par son action sera immédiat ; il pense également à ceux qui viendront après lui, et ne veut plus laisser que de bons précédents. Prenez-le au sein du repos et de ses affections, dites-lui qu'un danger pressant menace un de ses frères, il volera rapidement au lieu qu'on lui désigne, et exposera sa propre vie pour sauver celle qui est en péril.

» Je borne ici ce parallèle, qui prouve beaucoup en faveur des compagnons ; mais gardez-vous de me prendre pour un lâche flatteur. Si je sais en eux applaudir le bon, je sais aussi combattre le mauvais, et je leur dirai avec la même franchise : Vous repoussez l'égoïsme individuel, repoussez avec la même force l'égoïsme de corps. Vous ne voulez pas qu'on exerce sur vous l'arbitraire et l'oppression , gardez-vous d'user de ces moyens détestables sur ceux qui, comme vous, ont droit à la liberté et à l'indépendance.

» Vous nourrissez entre vous, membres de la même Société, le sentiment de l'égalité, de la fraternité; que ce sentiment soit étendu. Regardez également comme frères tous les ouvriers, tous les Français, tous les hommes qui ne sont point indignes d'en porter le nom.

« Votre dévoûment est sans bornes pour le compagnonnage que vous avez embrassé ; qu'il soit sans bornes pour la patrie, pour la cause de l'humanité. Oui, vous avez des qualités bien grandes, qui ont besoin d'être éclairées ; car, aveugles et quelquefois mal dirigées, elles vous ont fait commettre, je ne dirai pas des crimes, mais des erreurs sanglantes. Donc, éclairez, épurez ces grandes qualités, et qu'elles soient toujours bien employées et ne nuisent jamais à personne. »

Le tailleur de pierres s'arrêta là : je dirai que ses dernières paroles furent prononcées avec tant de force, avec tant d'exaltation, qu'elles firent tressaillir l'assemblée et l'agitèrent long-temps ; la parole passa ensuite à un menuisier, compagnon du Devoir, nommé Paul le Nivernais. Il s'exprima de la sorte :

« Mes pays, comme La Fleur, je fréquente, j'aime les associations. Comme lui, je voudrais, si cela était possible, les rendre moins égoïstes, moins intolérantes ; comme lui, enfin, je vois que, lorsque la civilisation fait de toutes parts de profonds, de vastes progrès, le Compagnonnage que nous servons avec tant de zèle, ne peut plus rester seul en arrière. Eh ! le pourrait-il sans compromettre son existence ? Non. Mes chers amis, puisqu'il en est ainsi, avançons à pas mesurés, et secouons sur notre route les vieilles coutumes, les sottes préventions, et ce fanatisme féroce qui trop souvent pousse l'ouvrier contre l'ouvrier,

« Sont-ils nos ennemis tous ces hommes courageux travaillant et suant comme nous? Non. Le tailleur de pierre, le charpentier, le menuisier, le serrurier, le forgeron, le tisserand, le cordonnier, le boulanger, ceux qui construisent, qui meublent, qui décorent nos habitations, ceux qui tissent, ceux qui confectionnent nos vêtements, ceux qui nous procurent ou qui nous préparent les aliments qui soutiennent et conservent notre existence, tous agissent, tous produisent et sont d'une égale utilité au bien-être commun de la grande société. Eh! Pourquoi, ô membres d'un même corps, et destinés à vivre les uns près des autres et à s'entr'aider continuellement, pourquoi nous faisons-nous depuis plusieurs siècles une cruelle guerre. »

UN MEMBRE *interrompant*. — Parce que nous voyons des états qui ne sont pas si honorables que le nôtre, et que néanmoins ceux qui les professent ont l'orgueil et l'audace de se parer du beau nom de compagnon, ce que nous ne pouvons souffrir.

LE NIVERNAIS *répond*. — Aucun état producteur ne peut déshonorer; au contraire, on y acquiert plus ou moins de réputation selon qu'on y est honnête et plus ou moins habile; ensuite je vous dirai que les ouvriers de n'importe quel état peuvent se former en société, et nous ne pouvons les troubler dans leur union sans nous rendre coupables aux yeux de la justice et de l'humanité. Quant au mot *compagnon*, dont quelques sociétés veulent se faire un titre exclusif, on sait qu'il est très vieux et qu'il s'emploie en divers sens. On dit compagnon d'armes, compagnon de voyage ; pourquoi ne dirait-on pas compagnon maréchal, compagnon cordonnier ? Quel est le meilleur des Compagnonnages ? A mon avis, c'est celui où l'on vit en bonne intelligence, toujours disposés, toujours prêts à s'aider les uns les autres ; qu'en dites-vous ?

UN MEMBRE *avec chaleur*. — Une chose qui me choque, c'est de voir une société prendre pour attributs des instruments dont elle ne sait pas se servir. Non, elle ne peut se parer de ces magiques instruments sans s'attirer la haine et la vengeance de toutes les autres sociétés.

LE NIVERNAIS. — Je ne le vois pas comme cela. Si quelqu'un se pare par vanité d'un instrument au dessus de sa portée, au lieu de se fâcher, il faut rire ; si nous voulions un jour, en place d'une équerre et d'un compas, prendre pour attribut un télescope ou un baromètre, croyez-vous que les astronomes, que les physiciens, s'ils y prenaient garde, en témoigneraient quelque mécontentement ? Non. Tout au contraire, ils riraient, et c'est tout ce qu'ils auraient de mieux à faire. On m'objecte encore qu'une société fait porter la couleur au chapeau, une autre au cou, d'autres à une boutonnière du côté gauche ; que le compagnon qui la porte a une boutonnière basse ne peut l'élever davantage sans s'exposer au ressentiment de celui qui la porte a la boutonnière haute ; que ce dernier ne pourrait la porter plus haut sans violer les priviléges et sans s'attirer la colère et la vengeance de ceux qui les portent au cou et au chapeau.

« Doucement, doucement, et écoutez un peu, je vous prie. Que répondriez-vous, par exemple, à un vieux marquis vêtu d'un bel habit, et qui viendrait vous dire à vous, homme de travail, à vous, homme du peuple et parfois aussi bien vêtu que lui : — Ouvrier, tu portes un habit aussi beau, aussi bien fait que le mien, et cela ne me plaît pas. Je ne veux pas que l'on me confonde avec toi : donc, quitte cet habit, je te l'ordonne ! quitte-le, et prends-en un mauvais. — Je vous le demande, que répondriez-vous au vieux marquis qui vous aurait tenu un tel langage ? Qu'il est un vieux fou, n'est ce pas ? qu'il n'a aucun droit sur vous, et que comme lui vous êtes libre de vous mettre à votre goût et comme bon vous semble ; et vous auriez raison. De même chaque société a le droit de porter la couleur où elle veut et comme bon lui semble. Trêve donc à ces cruelles guerres, qu'aucune bonne raison ne peut justifier. Ne voulant point supporter les injustices, commençons par être justes ; qu'il ne soit plus dit que les compagnons en France sont les seuls représentants d'un âge qui n'est plus. La prévention, la jalousie, un certain amour-propre mal entendu, nous ont trop longtemps divisés ; que ce temps soit à jamais passé ! Autrefois, les hommes d'une religion différente s'entretuaient

sans miséricorde ; aujourd'hui on peut conserver chacun sa croyance et vivre en bonne intelligence ; agissons de même, conservons chacun notre attachement à notre société, et de
plus rapprochons-nous, cherchons à nous comprendre, et aidons-nous les uns les autres autant que nous le pourrons. L'esprit de notre
époque n'est pas un esprit de ténèbres et de
persécution ; c'est un esprit de lumière et de raisonnement ; il faut s'y conformer, il faut ne
point rester en arrière ; autrement, la jeunesse,
instruite et imbue de principes nouveaux, ne
viendraient plus à nous, et nos sociétés, quoique
fortes en ce moment, périraient avant peu, faute
de recrues qui seules les renouvellent et les per-
pétuent.

» Vous trouvez que le compagnonnage protége
les droits, les intérêts des ouvriers ; vous le
regardez comme la dernière corporation popu-
laire, et dont la conservation est un bien. Je
pense comme vous, mais, je vous le conseille,
dépouillons-le de ce qu'il a de trop vieux, de
trop usé et qui choque la raison et les usages
de notre temps. Conservons-lui ce qu'il a de
bon, ajoutons-y encore pour le rendre parfait,
s'il est possible, et un jour nous nous applau-
dirons de notre œuvre à l'aspect du grand développement que nous lui verrons prendre, et
au témoignage de l'estime publique que nous
aurons su mériter. »

Le Nivernais fut applaudi ; plusieurs compagnons, qui jusque-là s'étaient regardés avec

dédain, se rapprochèrent. Une grande fusion se fit dans l'assemblée. Dès que le silence fut rétabli, un serrurier compagnon du Devoir de Liberté, nommé Espagnol l'Union, se fit entendre. « Mes pays, mes frères, dit-il, je crois devoir élever la voix pour proclamer quelques vérités. Plusieurs discours ont été prononcés. On vous a montré les conséquences fâcheuses des luttes entre les divers compagnonnages, on vous a fait sentir tous les avantages que vous pouvez retirer d'une association bien entendue, on a défendu la cause de la tolérance et de l'humanité; je parlerai dans le même sens, car notre siècle ne voit qu'avec pitié nos rivalités incessantes, qu'avec horreur les luttes sanglantes dans lesquelles nous nous engageons trop souvent..... Élevons nos pensées à d'autres considérations; quittons un moment le sujet qui nous occupe spécialement pour nous occuper de choses plus vastes et plus générales.... Regardons la nature; elle est immense. Considérons le génie des hommes, rien ne l'arrête, il envahit tout; il crée des villes nombreuses qu'il orne de monuments magnifiques; il creuse des canaux profonds et sûrs qui sillonnent les États dans tous les sens; il ouvre de larges routes qu'il fait passer sur les fleuves et sous les montagnes; d'une terre stérile il fait un jardin productif, embaumé; disposant de la force et des vents et du feu, il glisse rapidement sur le vaste bassin des mers, qu'il parcourt d'un bout du monde à l'autre; il s'élève dans un autre élément à des hauteurs considérables, et porté par une barque légère suspendue à un globe transparent, il vogue à son gré dans la plaine des airs et parcourt des routes célestes ; il calcule, il connaît la marche régulière des astres ; les phénomènes de l'atmosphère ne lui sont pas inconnus : il prévoit les marées, les courants, les orages et les tempêtes ; la foudre même est domptée par lui ; il plane sur la terre, sur les mers, dans les cieux ; il met tous les éléments à contribution ; il range tout sous sa loi ; la nature entière est son domaine ; et cependant ce génie si profond, si vaste, qui place les hommes si haut dans l'échelle des êtres et les fait rois de la création, n'a pu encore les rendre heureux. Le fort bat le faible, le grand foule aux pieds le petit, quelques uns commandent avec humeur ; tous les autres obéissent en murmurant. Le bonheur n'est nulle part, car le bonheur n'est pas une chose toute matérielle. Eh quoi ! en serait-il toujours ainsi ? Ceux qui font tant de prodiges, ceux qui possèdent tant de sciences, ne posséderont-ils jamais la science de se rendre heureux ! Espérons en l'avenir. Dans ce moment le monde est en travail : des idées nouvelles, mais nobles, mais généreuses, le parcourent ; elles s'infiltrent de toutes parts, et ceux chez qui elles ont pénétré ne disent pas : « Je suis de telle nation, et je déteste toutes les autres nations ; je suis de telle religion, c'est la seule bonne, la seule vraie, toutes les autres doivent être proscrites et anéanties ; je suis de telle couleur, et tous les individus qui n'ont pas cette couleur ne sont point des hommes ; je suis de telle classe du peuple, c'est la seule qui doive avoir des droits et des priviléges. » Non, les hommes chez qui ont pénétré les idées nouvelles ne parlent point ainsi. Ils n'excluent, ils ne proscrivent ni les nations en masse, ni la religion qui n'est pas la leur, ni la couleur chez les individus, ni les classes du peuple, riches ou pauvres. Dieu a créé les nations diverses ; il a inspiré les sentiments religieux pour que chacun l'adore à sa manière ; il a voulu que tous les hommes fussent heureux, et cette volonté divine se comprend et se comprendra chaque jour davantage. Aussi voyez comme insensiblement l'esprit des nations se rapproche et se lie, comme les croyances se tolèrent réciproquement, comme les préventions de couleur et de race s'éteignent, comme les diverses classes du peuple se mêlent et se confondent à leur insu. Oui, des abus, des erreurs, des préjugés ont disparu, d'autres disparaîtront ; des réformes importantes ont été faites, il s'en fera de plus importantes encore. L'industrie, les arts, les sciences ont pris un grand essor, un grand développement ; leurs produits variés se répandent dans la société ; ils se répandront avec plus d'abondance, avec plus de profusion et surtout avec plus d'équité. Il ne doit point y avoir de parias sur la terre ; il ne faut point donner tout à l'un, rien à l'autre ; laisser pourrir les aliments ici, pendant qu'on meurt de faim là à côté. Oui, la corruption, l'égoïsme, ces hideuses maladies, seront soignées et guéries. Le progrès a marché, il marche, il marchera jusqu'à ce que la grande société soit régénérée, réorganisée et assise sur une base plus large et plus solide. Au milieu d'un mouvement si grand, si profond, si continu, quand des Français, des Anglais, des Allemands, des Espagnols, des Italiens, des Polonais, des Russes même ! quand enfin des Européens, des Africains, des Asiatiques et des Américains se voient sans prévention ; quand des chrétiens, des juifs, des mahométans et ceux qui n'ont qu'un sentiment religieux sans culte extérieur, se voient s'estiment réciproquement enfants du même Dieu ; quand un si beau mouvement se fait dans l'univers et entraîne tous les hommes les uns vers les autres, et les force à s'aimer, comment pourrions-nous, ouvriers laborieux et amis du progrès, y rester étrangers ? Cela ne se peut pas. Vous pensez, je le présume, que les hommes de couleur sont hommes comme les blancs ? Vous le pensez, n'est-ce pas ? répondez-moi, mes amis.

LA MOITIÉ DE L'ASSEMBLÉE. — Oui, nous le pensons.

ESPAGNOL. — Vous pensez aussi que chez les Anglais, que chez les Italiens on trouve des hommes comme chez les Français ?

LES TROIS QUARTS DE L'ASSEMBLÉE. — Oui, nous pensons cela aussi.

ESPAGNOL. — Et ne pensez-vous pas que les pauvres sont hommes comme les riches ?

L'ASSEMBLÉE TOUT ENTIÈRE. — Pourquoi non ? Tous les hommes sont faits, dit-on, à l'image de Dieu.

ESPAGNOL. — En ce cas, vous pensez que tous les membres de cette assemblée, que les ouvriers des divers états sont également hommes et ont les mêmes intérêts.

TOUTE L'ASSEMBLÉE. Cela va sans dire.

ESPAGNOL. — Pensez-vous que nous devons encore nous haïr et nous faire la guerre?

L'ASSEMBLÉE ENTIÈRE. — Non.

ESPAGNOL. — Croyez-vous à la possibilité d'une paix et d'un rapprochement entre nous?

L'ASSEMBLÉE ENTIÈRE. — Oui.

ESPAGNOL. — Comment devons-nous vivre désormais ?

L'ASSEMBLÉE ENTIÈRE. — En frères.

ESPAGNOL. Persévérez, mes chers pays, dans ces généreux sentiments, et nous serons un jour plus heureux, parce que nous serons plus dignes de l'être. »

Après les questions d'Espagnol l'Union et les réponses qui leur furent faites, il se fit un bruit sourd, confus, l'oreille ne comprit plus un mot. Mais les yeux virent des Compagnons se serrer la main, d'autres s'embrasser avec transport. Un entraînement général, une joie peu commune régnaient dans l'assemblée, le bonheur était là. Le silence se rétablit enfin. Il ne fut pas besoin d'en dire davantage pour éclairer les esprits et détruire les préventions. Chaque membre de l'assemblée était devenu un partisan zélé, un propagateur enthousiaste des idées nouvelles et du rapprochement général. Un dernier discours fut néanmoins prononcé. Il sortit de la bouche d'un charpentier compagnon Bondrille, nommé Breton Bras de Fer. Le voici :

« Mes pays et coteries, je crois, comme la plupart des compagnons qui se sont fait entendre, que, pour guérir le mal, il faut en effet le découvrir avec soin, mais sans fausse honte, et présenter un remède salutaire ; or, voici quelle est ma pensée. Il faut nous séparer, nous répandre sur tous les points de la France, et tenir à peu près, chacun à sa société, le langage suivant : O ma société, je t'ai servie longtemps, et tu sais que je n'ai jamais manqué de zèle, de franchise, ni de pureté ; aucune tache ne salit ma vie, c'est pourquoi j'oserai te tenir un langage nouveau, mais vrai ; et si tu sais en faire ton profit, de tous les services que j'ai pu te rendre, ce sera le plus grand. Ecoute :

» Tes ennemis ne sont point dans les diverses sociétés de n'importe quels corps d'état ; ils sont dans ton sein ; tes ennemis sont ceux qui, chargés du soin de te gouverner, de t'administrer, se livrent aux vices, et qui, sous divers prétexte, gaspillent tes finances et troublent ton harmonie.

» Tes ennemis sont ceux qui, froids et égoïstes, invoquent cependant la bienfaisance, et qui, leurs besoins satisfaits, te méconnaissent et te calomnient.

» Tes ennemis sont ceux qui, sans foi, sans probité, sans pudeur, trompent journellement l'honnête homme qui les oblige, et s'en font une gloire scandaleuse. Le châtiment attaché à leurs méfaits retombe, rejaillit sur toi, et ternit ton éclat et ta considération.

» Tes ennemis sont ceux qui ne connaissant que la force brutale, la loi des tyrans, attaquent avec fureur tout compagnon qui n'est pas de leur Devoir, acte injuste et barbare qui attire des représailles qui t'altèrent, qui t'aigrissent et te remplissent de désordre et de confusion.

» Tes ennemis sont ceux enfin qui, doués d'une certaine manie baroque, se livrent, dans leurs chansons furibondes à des insultes, à des attaques grossières contre leurs adversaires, qui, de leur côté, répondent par d'autres insultes de la même force et de la même valeur.

» Voilà la cause première du dérangement des esprits, des discordes, des guerres, des haines profondes qui ne s'éteignent point entre les sociétés ; et puis la plupart de ces fameux poètes, après avoir ainsi prodigué l'insulte, après l'avoir célébrée avec beaucoup d'emphase, après l'avoir dévoué éternellement dans leur sublime galimatias et leur cœur et leur âme, te font banqueroute en se moquant de toi !

» Ouvre les yeux, ô ma société, agis pour ta conservation ; sache que le mal produit le mal, que le bien engendre le bien ; poursuis courageusement, et coupe le mal dans sa racine. Alors tes mœurs deviendront nouvelles , deviendront pures ; ton existence s'embellira et n'aura plus de terme.

» Oui, dit le charpentier en élevant sa voix sonore et promenant un regard prophétique sur l'assemblée ; oui, quand les sociétés sauront distinguer leurs plus dangereux ennemis, quand elles ne tarderont pas à prendre une face nouvelle, alors ces idées étravagantes qui troublent si souvent notre imagination s'effaceront pour faire place à des idées plus douces, plus utiles, plus simples, plus naturelles : notre corps, notre esprit, notre moral y gagneront. L'instruction sera pour nous un besoin, un goût, une passion ; et quand après avoir fait notre tour de France nous rentrerons dans nos familles, nos compatriotes diront : — C'est un compagnon ; — ce qui voudra dire : C'est un homme qui sait travailler, raisonner et vivre, et l'on aimera le compagnon et le compagnonnage qui l'aura formé. »

Le charpentier impressionna toute l'assemblée, et il fut applaudi chaudement. A ce discours, les débats furent clos ; on délibéra, et tout d'une voix on s'arrêta aux moyens qui parurent les plus convenables à la réussite d'une entreprise si belle.

Là se termina cette grande conférence; cette espèce de congrès improvisé par le hasard, duquel doit découler un bien incalculable sur le compagnonnage.

On a fini par se séparer, par se répandre, on

se dirige à la fois sur toutes les grandes villes de France ; sous peu les compagnons de Nantes, de Bordeaux, de Marseille, de Lyon entendront des voix fraternelles prononcer des mots d'humanité ; des germes de progrès seront répandus et ne peuvent manquer tôt ou tard de se développer, de croître et de fructifier.

Les deux enfants du vieux père Tauret, Laurent et François, se sont rendus dans la Bourgogne auprès de leurs bons parents, qu'ils n'avaient vus depuis longtemps ; mais ils l'ont promis, ils feront encore un petit voyage dans l'intérêt d'une juste cause, et certes ils ne se battront plus. Moi je suis rentré dans Paris, et logé dans un quartier où les bras ne re posent guère (le faubourg Saint-Antoine), j'ai rédigé le procès-verbal d'une assemblée mémorable ; je le livre à l'impression. Puissent les ouvriers le lire avec plaisir ! et je promets bien de reprendre un jour la plume, non pour faire des phrases pures et élégantes, chose dont je me sens incapable, vu mon ignorance et mon peu d'habileté d'écrire, mais pour dire de bonnes vérités et opérer quelque bien, si cela m'est possible.

EXTRAIT

DU

CODE D'ÉDUCATION.

RECUEIL DE MAXIMES

Prises partout et particulièrement dans le Guide publié par M. DELESSERT, qui a lui-même déclaré avoir puisé dans 140 auteurs.

Notre mémoire retient plus facilement les sentences courtes, brèves, incisives, que les meilleurs conseils noyés dans de longues narrations.

Il n'est pas une seule maxime ou sentence de ce recueil qui ne puisse être un sujet d'entretien, de conversation, de questions, de réponses, de développements.

Il serait avantageux de les donner en exemples d'écriture : l'action de copier est le burin le plus puissant pour graver dans notre esprit ce que nous voulons y conserver.

BONHEUR , VERTU.

Au commencement de la vie on trouve deux routes devant soi : l'une, celle du déshonneur, du vice et du malheur ; l'autre , celle de l'honneur, de la vertu et du bonheur : de votre choix dépendra le malheur ou le bonheur de toute votre vie.

Le chemin de la vertu, qui est à son entrée étroit, épineux , difficile , devient en avançant large , fleuri, facile, et conduit au bonheur éternel.

Le chemin du vice agréable à son entrée, conduit infailliblement à la honte, à la misère.

Aime ton Dieu de toute ton âme, et ton prochain comme toi-même.

Les deux puissances sublimes qui gouvernent le monde sont la religion ou la foi, la philosophie ou la raison.

L'homme heureux est celui dont l'âme est élevée, le cœur droit, l'esprit éclairé et le corps sain. Le malheureux est celui dont l'âme est basse, le cœur vil, l'esprit étroit et le corps dégradé.

Oublier les injures, se souvenir des bienfaits, sont deux élémens de bonheur.

On ne peut être heureux sans être bon, droit, juste, vertueux.

La grandeur et la fortune ne font pas, seules, la félicité.

Une bonne réputation vaut mieux que les grandes richesses.

L'amitié est plus estimable que l'or et l'argent.

Il faut être humble dans la prospérité et grand dans l'adversité.

Toute la gloire humaine n'est que fumée et dépense inutile.

La morale est la science du devoir ou de la vertu.

Le prémier devoir est de ne pas faire de mal aux autres. Le second devoir est de leur faire du bien sans se montrer.

Le bonheur dépend de l'âme, du cœur. de l'esprit et du corps : il dépend de l'âme par la vertu, qui donne confiance en Dieu ; il dépend du cœur par la bonté, qui nous garantit l'amour des autres ; il dépend de l'esprit par l'intelligence, l'instruction, l'ordre, l'économie; il dépend du corps par la tempérance, qui donne la santé.

—

PIÉTÉ, RELIGION, CONSCIENCE.

Dieu est la source de toute lumière, de toute bonté, de toute justice.

Il faut se fier à Dieu, il fera tout bien. Dieu te voit toujours et partout.

Aide ton frère comme tu voudrais en être aidé; ne lui nuis jamais.

Il faut demander pardon à Dieu de toutes nos fautes et de toutes celles dont sa bonté nous a préservés.

Tout ce qu'on peut faire sans Dieu, c'est se perdre.

Que votre langue ne s'accoutume point au jurement.

Que le nom de Dieu ne soit pas sans cesse dans votre bouche.

Ne jouez point avec votre serment : c'est chose grave, l'honneur y est engagé.

Le serment est le plus sacré de tous les engagements.

L'homme sage, honnête, ne s'engage jamais légèrement, et quand il est engagé, il est esclave de sa parole : vous pouvez y compter.

Défiez-vous de celui qui vous a manqué deux fois de parole : il n'attache aucune valeur à ses promesses, ne comptez pas sur lui.

Une promesse est une dette que l'homme d'honneur acquitte toujours et à la minute.

La parole d'un homme d'honneur vaut mieux qu'un écrit.

L'homme qui tient rarement sa promesse est plus méfiant que celui qui n'y manque jamais.

Pourquoi? parce que, sans s'en apercevoir, il juge la fidélité des autres d'après la sienne.

Pour être un homme honnête, il ne suffit pas, de n'avoir rien à démêler avec les tribunaux; il faut avoir surtout l'assentiment de sa conscience.

La conscience est la voix intérieure, un ami

sévère, un conseiller fidèle, un juge inexorable.

Pour être content de soi-même, il faut interroger sa conscience.

Un flatteur n'a pas de conscience : sa langue ment toujours.

Personne n'en parle plus que ceux qui en ont le moins (de conscience).

La conscience est un tribunal sans appel, c'est notre cour de cassation ; chacun a la sienne.

Avec une bonne conscience on ne craint pas la mort.

Une bonne conscience ne doit pas avoir plus d'élasticité que le diamant.

On peut tromper les hommes, mais non soi-même.

La conscience est le seul miroir fidèle qui ne flatte ni ne trompe.

La conscience ne donne quartier à personne.

La conscience est la voix de l'âme ; les passions sont la voix du corps.

La religion est le lien qui nous rapproche de l'Éternel.

La vraie religion est tolérante, persuasive et ne persécute jamais.

La vrai religion élève l'âme, éprouve le cœur, ennoblit l'esprit, nous console et nous réjouit.

JUSTICE, JUGEMENT.

Le juste est l'image de Dieu sur la terre.

Il faut être toujours du parti de la vérité et de la justice.

Qui sème l'injustice récoltera la haine et la vengeance.

Si tous les hommes étaient justes, on n'aurait pas besoin de tribunaux.

Évitez les procès : celui qui gagne perd encore.

Il faut écouter l'opinion des autres, ne pas renoncer à la sienne, et faire ensuite ce que l'on juge le plus utile.

La bêtise est l'absence de l'esprit ; la sottise est celle du jugement.

Le jugement sert à discerner le bien et le mal, le bon et le mauvais.

Les bons écouteurs, comme les bons ménagers, font leur profit de tout.

La sagesse est meilleure que l'or ; la prudence est plus précieuse que l'argent.

La prudence est une raison éclairée, une sagesse constante ; c'est l'art de se conduire par de sages réflexions.

Une seule journée d'un sage vaut mieux que toute la vie d'un sot.

Une bonne tête vaut mieux que cent bras.

Le vrai sage est celui qui apprend de tout le monde.

Jouir des bienfaits de la Providence, c'est sagesse ; en faire jouir les autres , c'est vertu.

Le riche pense à l'année qui vient , le pauvre au jour présent.

Soyez ambitieux d'une bonne réputation.

La bonne vie ne dure que quelques jours ; une bonne réputation dure éternellement.

L'homme d'honneur ne s'embarrasse ni des louanges ni des reproches ; sa devise est : Fais ce que dois, advienne que pourra.

La jeunesse est faite pour obéir, la vieillesse pour commander.

On ne saurait être habile sans probité, c'est-à-dire qu'on n'est rien sans probité.

La probité ne peut être remplacée par aucun talent.

Loyauté vaut mieux qu'argent.

Le sage est modeste, le sot est orgueilleux.

Le sage est lent dans ses discours et prompt dans ses œuvres.

On ne saurait s'éloigner trop tôt et trop loin d'un étourdi.

Dans le doute, abstiens-toi ; attends d'être sûr pour parler et agir.

Pour ne pas faillir , il faut en fuir l'occasion.

Il faut prévenir afin de ne pas avoir à réprimer.

L'ingratitude, vice dégoûtant, ne doit pas empêcher de faire du bien.

Soyez reconnaissants et faites des ingrats, vous travaillerez pour votre bonheur.

La vérité n'offense que les faibles, les sots et les coupables.

On doit dire la vérité et non toutes les vérités, car il en est de nuisibles.

La charité n'oblige pas à louer toutes les sottises ; elle peut seulement les dissimuler.

Deux choses sont inséparables du mensonge : beaucoup de promesses, beaucoup d'excuses.

Ne mentez point les uns aux autres.

La confiance rend les rappors doux, agréables, heureux.

Un menteur est un voleur : en trompant il vole la confiance.

Ce vol est souvent plus nuisible que celui d'un trésor.

La méfiance pèse, embarrasse, tourmente sans cesse, rend malheureux.

Dites la vérité, lors même qu'elle appellerait sur vous des punitions.

L'aveu d'une faute commande l'indulgence et l'estime : c'est vertu.

Le désaveu laisse planer des soupçons sur des innocents : c'est un crime.

La confiance ne se commande pas ; elle s'impose par une conduite irréprochable.

La confiance ne s'accorde pas à l'homme, mais à ses actes, à ses principes, à sa conduite.

CARACTÈRE.

Un bon caractère est un grand bienfait de Dieu.

C'est par le caractère qu'on plaît à ses semblables.

Pour être aimé, il faut être aimable toujours, même lorsqu'on souffre.

Le moyen de se rendre aimable, c'est d'aimer.

Pour être aimable, il faut être bon sans faiblesse, humain sans distinction de couleurs, de nation, de secte; vrai sans indiscrétion, franc sans rudesse, poli sans bassesse, complaisant sans imprévoyance (car il est des complaisances déshonorantes, criminelles, dont on doit s'abstenir), obligeant sans le faire sentir, modeste sans affectation, discret avec discernement, sans exagération; charitable sans prodigalité, économe sans avarice, courageux sans témérité, sans provocation; gai sans de bruyantes démonstrations; respectueux envers les malheureux, les femmes, les vieillards, les enfants.

Quoique la nature ait donné à chacun son caractère, l'éducation parvient à le modifier. Faites des efforts, et vous en obtiendrez un semblable à celui qui vient d'être tracé, et qui vous gagnera l'amour de vos concitoyens.

Le plus désirable des bons caractères est celui qui se distingue par une égalité parfaite;

c'est - à - dire qu'on voit tous les jours de la même humeur. Faites que l'on puisse dire du vôtre : Du 1er janvier au 51 décembre, il est toujours le même.

L'homme capricieux est détestable, on ne sait comment le prendre, chaque jour apporte un changement dans ses idées : un jour il vous accable, un autre il vous délaisse ; on ne peut compter sur lui, on s'en éloigne malgré soi. Le caprice ne peut produire que l'indifférence.

L'homme courageux attend le péril avec calme et ne s'y expose que quand le devoir ou l'honneur commande : alors aucun danger ne l'arrête.

Il y a plus de sûreté à être brave qu'à être poltron.

Dans la bonne fortune, sois sage et honnête ; dans la mauvaise, sage et fier.

Faire sans témoin ce que l'on ferait devant tout le monde, c'est la véritable valeur.

Trop de timidité est un défaut, trop de hardiesse en est un plus grand.

La faiblesse n'est pas le vice, mais elle y conduit.

L'homme méchant fait le mal, l'homme faible le laisse faire.

Le mauvais caractère est toujours mécontent des hommes et des choses ; il aime à se plaindre partout et de tout ; il ne trouve de bien que ce qu'il fait, et il crie toujours contre quelqu'un ou quelque chose.

Vaincre ses passions vaut mieux que de les satisfaire.

Sévérité pour soi, indulgence pour les autres.

L'obéissance à la loi du devoir nous élève à la vertu.

Pour connaître le devoir, il faut en appeler à sa conscience, à sa religion.

L'homme libre peut être prisonnier, mais non esclave.

Qui trop entreprend finit peu.

La modération est la santé de l'âme.

La tempérance est la santé du corps.

La modération dans les plaisirs en fait le charme et la durée.

L'homme qui ne préfère pas son devoir à son plaisir n'est bon à rien.

Il faut s'acquitter de son devoir, coûte que coûte.

Souffrir pour avoir bien fait est une espèce de récompense.

Il faut vouloir fortement tout ce que l'on veut, et ne vouloir que ce que l'on doit ; alors rien n'est impossible.

Avec de l'activité, de la persévérance, du courage, de l'énergie et une volonté forte, on réussit à faire quelque chose de bien dans ce monde.

L'espérance est le plus précieux des bienfaits de la Divinité.

L'espérance est la source du courage et de la joie même des martyrs.

Le courage de sacrifier au devoir procure la plus douce satisfaction.

L'espérance a produit les dévoûments les plus sublimes.

La curiosité est un défaut très nuisible, lorsqu'elle a rapport aux affaires d'autrui.

Personne n'aime le curieux qui se mêle des affaires qui ne le regardent pas et qui cherche à les connaître.

Il ne faut jamais chercher à savoir, ni désirer connaître ce que l'on ne nous dit pas.

Si on avait voulu vous dire une chose, on n'aurait pas attendu votre question.

Fuyez les confidences, les secrets : c'est une garantie de bonne harmonie avec tout le monde.

Que vous importent les affaires des autres? n'avez-vous pas assez des vôtres?

Le secret des autres est un poids lourd et difficile à porter ; souvent il nous aliène le cœur de nos amis et nous crée des ennemis, quoique nous ne le méritions pas. Un secret est un dépôt sacré et inviolable.

Si vous savez quelque chose de personnel, ne répétez jamais ce qui pourrait blesser un présent ni compromettre un absent ; il n'est permis de répéter que les paroles qui peuvent être bonnes, utiles et agréables à l'un et à l'autre, c'est-à-dire à l'homme présent et à l'homme absent.

La curiosité n'est permise que pour s'instruire dans la morale, dans l'histoire, dans les sciences utiles, dans son art, dans son métier, dans la va-

leur du temps, dans l'économie domestique,
dans la vie sociale.

Cette curiosité n'est plus un défaut, elle est
une qualité digne d'encouragement; rappro-
chez-vous donc des hommes honorables et instruits; questionnez-les sans crainte; écoutez-les
avec attention et prenez note de leurs bonnes
paroles: ce temps sera bien employé.

CONDUITE.

La meilleure conduite est celle qui nous procure l'amour et l'estime des honnêtes gens.

Pour y parvenir, il ne faut faire du mal à personne et faire du bien à tout le monde.

La médisance peut rarement ne pas mériter
le mépris, mais la flatterie le mérite toujours.

La médisance est lâche; elle s'escrime toujours contre un absent.

Vois toujours devant toi l'homme dont tu
vas parler, afin de ne dire de l'absent que ce
que tu dirais du présent.

Ne parler de l'absent que pour en dire du
bien ou le défendre, c'est un devoir.

La médisance publie le mal d'autrui; la ca-
lomnie l'invente, c'est plus grave.

Tout railleur est vain ou méchant. La rail-
lerie engendre les querelles, évitez-la.

On guérit de coups de couteau, on ne guérit pas de coups de langue.

La sottise et la vanité sont deux sœurs qui se quittent peu.

L'homme vain croit le flatteur et devient sa dupe.

Il faut faire le bien, se taire et laisser dire.

Il coûte plus de faire le mal que le bien.

Aimez qui vous conseille et non pas qui vous loue.

On se sert d'un flatteur, mais on ne l'estime pas.

On ne doit envier ni le mérite ni la fortune à personne ; point de repos pour l'envieux.

Ne vous réjouissez point de la chute de votre ennemi ; plaignez-le, tendez-lui la main.

S'il a faim, donnez-lui à manger ; s'il a soif, donnez-lui à boire.

Le zèle imprudent d'un ami est plus à craindre que la colère d'un ennemi.

Les ennemis ont leur utilité, ils vous montrent vos fautes ; sachez en profiter.

Ne quittez pas un ancien ami ; le nouveau ne le vaudra peut-être pas.

Un vieil ami est le meilleur miroir après la conscience.

Les diamants ont leur prix, les bons conseils n'en ont pas.

C'est par la modestie que l'on se fait pardonner ses succès ; elle ajoute au mérite.

Pardonner à son prochain, rendre le bien pour le mal, c'est d'un bon chrétien.

Chercher à briller, c'est s'occuper de soi ; chercher à plaire, c'est s'occuper des autres.

Briller fait des envieux ; plaire gagne des amis.

Pour qu'une chose soit secrète, il ne faut pas la dire, et pour qu'on ne la sache pas, il ne faut pas la faire.

Ne blâmer personne avant de s'être bien informé : l'erreur est si facile, si dangereuse !

Se hâter lentement, se résoudre sagement, exécuter hardiment, sont les marques d'un bon chef.

Celui appelé à commander ses semblables doit avoir l'esprit juste, le jugement sain, le cœur bon.

Malheur aux subordonnés dont le chef n'a ni cœur, ni jugement, ni justice ; ils sont bien à plaindre.

Les injures sont les raisons de ceux qui ont tort.

Pardonne tout à tous et rien à toi.

Mépriser les injures, les insultes, c'est s'en venger.

Il faut penser à ses défauts et oublier ceux des autres.

Si on parle mal du bon, si on dit du bien du méchant, préférez être le premier.

Il vaut mieux être seul que dans la compagnie des méchants.

La charité est la plus belle vertu, ou mieux, la plus utile.

—

CHARITÉ, BONTÉ, BIENVEILLANCE.

L'homme le plus digne d'envie est celui qui rend le plus de services.

La charité est aussi une science qui consiste à savoir bien donner.

Faire du bien, c'est payer une dette. Donner le superflu, c'est louable ; mais le mérite d'un bienfait est dans les privations qu'il a coûtées.

Tout homme est un ami. Fais le bien, ne regarde pas à qui, c'est-à-dire sa couleur, sa robe, sa foi ; informe-toi seulement s'il souffre et s'il est estimable.

Donner vite, c'est donner deux fois. Le bienfait attendu perd beaucoup de sa valeur.

Donner à propos vaut mieux que de donner beaucoup.

Celui qui n'a pas d'argent peut donner de bonnes paroles.

Celui qui donne est plus heureux que celui qui reçoit.

Le bonheur de soulager les infortunés est le plus grand qu'on puisse goûter dans la vie.

Rien ne rafraîchit le sang comme de faire une bonne action.

L'argent des riches est dû au travail des pauvres.

Le travail des pauvres est dû à l'existence des riches.

Les pauvres et les riches ne peuvent se passer les uns des autres.

— 99 —

La mémoire des malheureux qu'on a soulagés donne un plaisir qui renaît sans cesse.

Trois choses fixent la valeur d'un présent : le sentiment, l'à-propos, la manière.

La charité procède d'un cœur pur, d'une bonne conscience, d'une foi sincère.

La charité, la bonté et la bienveillance sont trois sœurs inséparables.

La sévérité n'exclut pas la bonté ; on peut être juste et bon.

La bonté exclut l'injustice partout, toujours et en toutes choses.

Il n'est pas toujours prudent d'offrir ses services. Un service offert perd de son prix, s'amoindrit.

Généralement il vaut mieux attendre qu'un service vous soit demandé : alors il dépend de vous d'en augmenter le mérite par la promptitude et par la manière de votre exécution.

On a souvent à se repentir d'avoir rendu un service qui n'avait pas été demandé.

Les cas où c'est un devoir d'agir, de servir sans avoir été requis, sont rares et exceptionnels.

———

ÉTUDE, INSTRUCTION.

Il faut lire, étudier, s'instruire pour se corriger et se consoler.

Le meilleur compagnon pour ses moments de loisir est un bon livre.

Par l'étude on chasse l'ennui, on évite le dégoût de la vie, on apprend à être utile aux autres et à ne pas être à charge à soi-même.

L'étude est la nourriture des jeunes gens et la consolation des vieillards.

Il faut étudier pour devenir meilleur et enseigner aux autres leurs devoirs.

La lecture apaise les douleurs de l'exil, de la prison, de l'hôpital ; elle charme les maux, elle console des douleurs.

Un livre est un ami complaisant que l'on prend et quitte à volonté.

Si on a raison, on la gâte en la soutenant d'une manière brusque et hautaine.

Ne répondez qu'après avoir bien écouté, et n'interrompez jamais.

Ne dites que ce qui est utile : les paroles inutiles nuisent toujours à soi ou à d'autres.

Parler, c'est dépenser. Écouter c'est acquérir. Écoutons beaucoup et parlons peu.

Ne parlez des absents que pour en dire du bien ou pour les défendre.

Il est sage de ne point écouter des secrets et de n'en point dire.

Il ne faut croire le mal que lorsqu'il est prouvé, et supposer le bien possible.

On a souvent tort par la façon dont on a raison.

L'effet d'un bon conseil dépend de la manière de le donner.

L'ignorance est un état d'enfance perpétuelle.

L'homme ignorant est l'esclave de l'homme instruit.

Une petite impatience cause de grands troubles. Modérez-vous.

S'occuper, c'est savoir jouir ; l'oisiveté pèse et tourmente.

L'âme est un feu qu'il faut nourrir, et qui s'éteint s'il ne s'augmente.

Entends d'abord, et parle après. Pour bien parler, il faut parler peu.

Qu'un autre vous loue et non votre bouche.

Ne faut parler de soi ni en bien ni en mal.

Que ta bouche soit la prison de ta langue.

Mon secret est mon esclave ; s'il m'échappait il serait mon maître.

Une grande pauvreté d'action se trouve souvent jointe à la plus grande richesse de paroles.

Le silence est le plus sûr parti pour celui qui se défie de soi-même.

Voulez-vous qu'on dise du bien de vous ? n'en dites point : le moi est odieux.

TRAVAIL.

Le travail est le père de toutes les vertus, comme l'oisiveté est la mère de tous les vices. Le travail est la source du vrai bonheur.

La paresse rend tout difficile ; le travail rend tout aisé.

Le remède contre l'ennui, c'est le travail et non le plaisir.

Le temps est le trésor le plus précieux ; soyez-en plus avare que de votre argent.

Le temps est comme l'argent ; n'en perdez pas, vous en aurez assez.

La perte du temps est la plus grande des prodigalités, puisque le temps perdu ne se retrouve jamais.

Le temps est l'étoffe dont la vie est faite ; si vous aimez la vie soyez avare du temps.

Pour trouver le bien, il faut le chercher dans le travail.

Le désœuvrement est le père des soucis.

L'amusement doit être précédé du travail, comme le repos doit l'être de l'exercice.

S'occuper, c'est ne pas perdre son temps ; travailler, c'est l'employer utilement.

Qui veut avoir du pain, de l'aisance, de l'honneur, du sommeil, doit travailler.

L'industrie est la main droite de la fortune, et la frugalité sa main gauche.

Le paresseux est le frère d'un mendiant. Paresse, clef de pauvreté.

L'oisiveté ressemble à la rouille, elle use beaucoup plus que le travail.

La clef dont on se sert est toujours claire.

La paresse va si lentement que la misère l'atteint bientôt.

Se coucher de bonne heure et se lever matin procurent santé, fortune, sagesse.

La faim regarde à la porte de l'homme laborieux, mais elle n'ose pas y entrer.

L'activité est la mère de la prospérité. Dieu ne refuse rien au travail.

Labourez pendant que le paresseux dort, vous aurez du blé à vendre et à garder.

Ne remettez jamais à tout-à-l'heure ce que vous pouvez faire à l'instant même, ni à demain ce qui peut être fait aujourd'hui.

La vie oisive et la vie tranquille sont deux choses fort différentes.

L'abondance, la considération, les aises, sont les fruits du travail.

Le travail et l'ennui ne passent jamais par la même porte.

Les plaisirs courent après ceux qui les fuient.

Trois déménagements font le même tort qu'un incendie : restez le plus que vous pourrez.

Gardez votre boutique, et votre boutique vous gardera.

L'œil d'un maître fait plus d'ouvrage que ses mains.

Le défaut de soin fait plus de tort que le défaut de savoir.

Qui ne veut pas travailler ne mérite pas de manger.

Dieu a posé le travail pour sentinelle de la vertu.

Dieu a voulu que la paresse fût le fardeau le plus pesant.

Il faut employer dix heures au travail, huit au repos et six à l'étude, à l'exercice, aux repas.

Le travail et l'exercice sont pour le corps ce que l'étude et l'application sont pour l'âme : ils le fortifient et le rendent capable des plus grandes choses.

Dieu protége le travailleur; la société l'honore et le récompense.

Honneur et fortune à l'homme laborieux; honte et misère au paresseux.

L'ouvrier le plus habile sera aussi le plus méritant, parce que tout se tient.

L'ambition d'être le premier dans son état est louable. La distinction d'être le premier dans sa profession équivaut à une croix d'honneur.

Un bon ouvrier est toujours un homme estimable.

Un mauvais ouvrier devient souvent méprisable.

Le travail est un fleuve qui porte la vie partout où il passe.

L'oisiveté est une eau qui croupit, qui infecte, qui corrompt et qui tue.

Travaillons donc avec courage et espérance, Dieu qui nous voit a dit : Qui travaille prie. L'homme le plus occupé est le plus heureux.

Pas d'argent plus léger, plus cher que celui gagné par nos sueurs; il impose l'ordre et l'économie en toutes choses.

Pas d'argent plus lourd que celui mal acquis; il pousse à la prodigalité, au désordre, à la honte, à l'infamie.

Rien n'est plus doux que d'aider son frère

avec le produit de ses réserves et de ses privations : le souvenir en est éternel, il vous suit partout.

Rien n'est plus cruel que de ne pas plaindre et assister celui qui souffre.

L'infortuné n'a pas toujours besoin d'argent, mais souvent d'un conseil, d'une oreille qui écoute ses peines, d'un cœur qui les comprenne. Ne le repoussez jamais, Dieu vous bénira.

Le temps, c'est la fortune du travailleur; une heure mal employée est une perte irréparable ; il faut être avare de son temps et surtout de celui des autres.

Le bon emploi du temps est une science que tout le monde peut acquérir; elle consiste à faire tout à point, de passer d'un travail à un autre qui délasse, qui récrée; par ce moyen on double son existence, on multiplie ses forces sans fatiguer son corps.

Trop parler nuit, trop gratter cuit, (vieille maxime trop oubliée;) c'est un temps perdu.

Le travailleur raisonnable doit porter ses économies à la caisse d'épargne chaque dimanche.

Le travail chasse la misère; c'est l'économie qui l'empêche de revenir.

TEMPÉRANCE.

La tempérance est la santé de l'âme et du corps.

L'intempérance donne de courtes joies et de longs déplaisirs.

La tempérance est un arbre qui a pour racine le contentement de peu, et pour fruit le calme et la paix.

Etre sobre n'est pas un grande vertu, mais c'est un grand défaut que de ne l'être pas.

L'intempérance, c'est manger sans faim et boire sans soif, ce que ne font pas les brutes.

La sobriété, c'est manger peu, mais suffisamment, mettre de l'eau dans son vin et s'abstenir de liqueurs fortes, même de café.

L'intempérance tue, la sobriété prolonge la vie.

Les pauvres ont la santé et les riches les remèdes.

La santé est le trésor le plus précieux et le plus mal gardé.

La diète et l'exercice sont les deux meilleurs médecins pour les gens aisés.

Celui qui mange peu aura un sommeil de santé ; il dormira jusqu'au matin.

La propreté est à l'égard du corps ce qu'est la décence dans les mœurs : elle sert à témoigner le respect qu'on a pour la société et pour soi-même.

La malpropreté n'admet point d'excuse ; partout où il y a de l'eau on peut être propre.

La propreté est la parure qui convient le mieux à la vieillesse.

L'ivrognerie est une peste contagieuse : fuyez les ivrognes. Point d'excès à table.

L'ivresse ruine la santé, dégrade l'âme, obscurcit l'intelligence, rend fou, cruel, coupable.

L'âme de l'ivrogne est morte avant son corps.

L'ivrogne ne peut être ni bon fils, ni bon époux, ni bon père, ni bon ami, ni bon parent, ni bon voisin, ni bon citoyen, ni bon ouvrier, ni bon Français, ni bon chrétien. C'est un être à charge à la société. Il rend malheureux son père et sa mère, son épouse est ses enfants, ses amis et ses parents, etc. Quelle différence si l'ivrogne eût porté à la caisse d'épargne l'argent qu'il a bu sans soif !

Pour se guérir de l'ivrognerie, il devrait suffire de regarder l'homme ivre, dans la rue, couvert de honte et de boue, hué, poussé, tiraillé par l'enfance ; quel dégoûtant spectacle !

L'ivrognerie inspire l'audace et fait commettre des actes dont on rougit toute sa vie.

Les effets de l'ivresse sont funestes ; les liqueurs fortes sont un poison qui tue.

L'habitude de boire réduit les plus grands génies à l'état d'imbécillité.

Si on voulait raconter tous les maux, les accidents, les crimes qui ont pour cause l'ivrognerie, il faudrait des milliers de volumes. (Ce serait un ouvrage utile.)

ORDRE , ÉCONOMIE , PRÉVOYANCE.

L'ordre a trois avantages : il soulage la mémoire , il ménage le temps , il conserve les choses.

Le désordre a trois inconvénients : l'ennui, l'impatience, la perte du temps, des choses, de la fortune.

Régler sa dépense sur son revenu ou sur les fruits de son travail, c'est sagesse.

Dépenser tout son revenu ou tous les fruits de son travail, c'est imprudence.

Dépenser plus que son revenu ou plus que les fruits de son travail, c'est folie, même un vol.

Il faut toujours une réserve pour les cas imprévus, dans la proportion du revenu.

Si on achète le superflu, on vendra bientôt le nécessaire.

L'économie est vertu dans la pauvreté, sagesse dans la médiocrité, et vice dans l'opulence.

Est riche celui qui se contente de ce qu'il a.

Il n'est pas de petites dépenses indifférentes : elles sont toutes grandes si elles sont inutiles.

Pour Dieu, ayez de l'ordre ; l'ordre dans tout est la source du bonheur.

L'ordre appelle l'économie ; l'économie procure la réserve ; la réserve garantit nos vieux jours de l'hôpital, de la misère.

La fortune a pour bras droit l'industrie, et pour bras gauche la frugalité.

S'endetter, c'est vendre sa liberté. Le débiteur est l'esclave du créancier.

Le prêteur est le maître de l'emprunteur.

Pour être libre, il faut ne rien devoir à personne, pratiquer la vertu, être laborieux et économe.

Pour devenir riche, il faudrait que les économies égalassent les dépenses. C'est difficile, mais non impossible. Exemple : Je gagne 5 francs, je dépense 2 fr. 50 cent., ma réserve est égale.

Epargner pour le temps de la vieillesse et des besoins qui l'accompagnent, c'est prévoyance.

La prévoyance est la seconde providence du genre humain.

Sans prévoyance économique, aucun revenu n'est suffisant.

Le soleil du matin ne dure pas tout le jour.

Le gain est incertain et passager, mais la dépense continuelle est certaine.

Le riche est pauvre lorsqu'il désire plus qu'il ne possède et qu'il dépense plus qu'il ne reçoit.

Le pauvre est riche lorsqu'il se contente de

ce qu'il a et qu'il reçoit plus qu'il ne dépense.

La prodigalité engendre la nécessité.

N'apprenez pas seulement comment on gagne, sachez aussi comment on ménage.

Les petits ruisseaux font les grands fleuves.

Les petites économies cumulées donnent une rente, de même que les petites dépenses inutiles amènent la banqueroute.

Acheter comptant et jamais à crédit est un moyen de dépenser peu.

N'achetez jamais une chose sans vous être demandé si réellement vous en avez besoin.

Si vous êtes marchand, ne surfaites jamais d'un centime : les Turcs n'ont qu'un prix.

Le sou épargné est un sou gagné.

Plus la cuisine est grasse, plus le testament est maigre. C'est-à-dire, plus l'on dépense, moins il reste.

L'argent est comme le temps : n'en perdez pas, vous en aurez assez. On ne saurait trop le répéter.

On doit aussi épargner pour être généreux dans l'occasion.

L'épargne et la dépense mesurée nous garantissent des usuriers, espèce de sangsues bipèdes.

Donner à propos, ce n'est pas dépenser ; c'est se libérer d'une dette.

L'économe n'épargne que pour pouvoir donner plus. L'avare n'amasse que pour enfouir.

Il vaut mieux être pauvre que d'avoir des richesses mal acquises.

Il faut plutôt se coucher sans souper que de se lever avec des dettes.

Si on fait le bien dans la prospérité, on souffre moins dans la disgrâce.

L'argent donné ne profite souvent qu'à celui qui donne. N'importe, donnez toujours.

Ne faites point le bien dans l'espoir d'une récompense ; faites-le pour votre cœur.

L'obligé doit être reconnaissant ; l'obligeant ne doit pas compter sur sa gratitude.

Celui qui donne agit pour sa propre satisfaction ; heureux ceux qui en profitent !

Il ne pourrait pas faire autrement : il obéit à sa nature, à Dieu qui l'a ainsi fait.

On doit s'abstenir de faire du mal à son prochain, non par la crainte d'un châtiment mérité, mais parce que le mal nous fait horreur. C'est le vrai mérite.

L'homme d'honneur ne pourrait pas plus faire le mal que s'empêcher de faire le bien.

Il faut enseigner à l'homme riche l'art de faire du bien sans se ruiner.

Il faut apprendre à l'ouvrier l'ordre, la prévoyance, l'économie, la caisse d'épargne.

La caisse d'épargne est la providence des classes laborieuses ; on peut y porter depuis un franc jusqu'à cinquante ; l'intérêt est de 4 pour 100 par an.

Un livret de caisse d'épargne est un certificat de bonne conduite ; c'est un passeport délivré au travail et à l'économie.

PIÉTÉ FILIALE.

Père et mère honoreras afin que tu vives longuement.

Dans le bonheur rappelle-toi tes parents, dans le malheur tu souffriras moins.

Le portrait d'un bon père est pour son fils le livre qui lui enseigne tous ses devoirs.

Heureux qui peut rendre à ses parents les soins qu'il en a reçus dans son enfance !

Plus heureux encore qui leur rend leurs sourires, leurs caresses, leurs joies !

On ne doit se souvenir que des bienfaits de ses parents, et jamais de leurs torts.

Celui qui laisse souffrir ses parents est un monstre.

On appelle parricide l'enfant dénaturé qui insulte et maltraite ses parents. Crime horrible !

Lorsqu'on fait une bonne action, il faut la rapporter à sa mère, en pensant qu'elle la voit.

Songer à sa mère, c'est la meilleure distraction contre les pensées dangereuses.

Honorez votre père de tout votre cœur. N'oubliez point la douceur de votre mère.

La bénédiction du père affermit la maison des enfants.

La malédiction de la mère la détruit jusqu'aux fondements.

Le frère aîné remplace le père ; il a droit à votre amour, à votre respect.

Un frère, c'est un ami donné par la nature ; on doit tout partager avec lui.

Les bénédictions d'un père, d'une mère, d'un frère aîné sont accompagnées de celles de Dieu.

Les parrains, les marraines, les oncles, les tantes, ont des droits à notre amour, à nos respects.

Tous les membres de la famille ont des droits à notre affection avant les étrangers.

Après la famille, les amis, les voisins, les compatriotes ; puis les étrangers, le genre humain.

Si ton père ou ta mère ont du chagrin, cours les consoler n'importe à quelle heure.

Si tu leur connais des besoins, prépare avec délicatesse les moyens de les satisfaire.

Si des infirmités accablent leur vieillesse, redouble de soins affectueux, tendres, prévenants.

Si leurs facultés intellectuelles faiblissent, si leur intelligence est revenue à l'enfance, songe à ton enfance propre et rends-leur les services qu'ils ont prodigués à ton âge d'imbécillité ; ne permets point qu'on se rie de leurs paroles sans suite et de leurs gestes inconvenants ; exige pour eux respect de tous ; protège leur enfance comme ils ont protégé la tienne, sans dégoût, sans répugnance, sans impatience. Ne les fais jamais attendre après toi.

FIN DE LA VIE TERRESTRE, ENTRÉE DANS L'AUTRE VIE.

—

BONHEUR ÉTERNEL.

C'est au moment où nous cessons de vivre que nous commençons notre vie éternelle.

La mort, qui est un mal pour les méchants, est un bien pour l'homme vertueux.

La mort est le complément indispensable de la vie.

C'est en apprenant à vivre qu'on s'instruit à mourir.

On n'éprouve pas plus de peine ni de douleur à sortir de la vie que pour y entrer, si la conscience a été irréprochable.

A un certain âge, la mort devient un besoin tout comme le sommeil après une journée d'un travail forcé.

Le temps, la religion et la mort guérissent de tous les maux.

Les souffrances physiques, les douleurs morales sont encore des bienfaits que Dieu nous envoie pour nous détacher de la vie qui nous quitte.

Bien vivre et bien mourir, c'est la science des sciences, le bonheur des bonheurs.

Heureux celui qui arrivera à la fin de la vie par la porte de la vieillesse!

La jeunesse, qui sera vieille demain, traite cependant la vieillesse comme un étranger qu'elle ne logera jamais.

On mourrait inconsolable si on ne vieillissait pas.

On serait très malheureux si une vie agréable et glorieuse ne finissait pas.

La vie serait peu de chose et la mort ne serait rien si l'âme n'était immortelle.

La longue vie n'est qu'une longue attente de la mort ; faites du bien en l'attendant.

Cette vie est le berceau de l'autre.

Le lieu où la mort nous attend est incertain ; attendons-la partout, soyons toujours prêts.

Le sot craint et fuit la mort ; le fou la cherche ; le sage l'attend avec calme.

Celui qui remplit bien ses devoirs se prépare tous les jours à la mort.

Combien la vie serait courte si l'espérance ne lui donnait une étendue sans fin, l'éternité !

Qui veut bien mourir doit s'appliquer à bien vivre avec ses semblables.

Toute la vie n'est que la route pierreuse qui conduit à la mort.

Le mendiant est mort avant d'avoir cessé de vivre.

Son âme est morte avant son corps, comme celle de l'ivrogne.

Pense et agis comme si tu devais mourir aujourd'hui.

N'attends pas le dernier moment pour faire le bien, fais-le chaque jour.

Que tes affaires spirituelles et temporelles soient réglées d'avance.

Ne laisse pas ce soin à tes héritiers; ils blâmeront ton imprévoyance.

Détache-toi des biens de la terre avant que ton âme vole au ciel.

C'est quelque chose que de voir ses héritiers n'avoir plus rien à désirer de soi.

Cette vie est un songe, et la mort un réveil.

La prière est la parole ou l'expression de la conscience.

Ne néglige pas de prier et de faire l'aumône.

Sur le bien et sur le mal, interroge ton cœur.

Sois toi-même ton juge et ton accusateur.

TABLEAU OU RÉSUMÉ

DES QUALITÉS ET DES DÉFAUTS.

—

Ceux qui cherchent les moyens de devenir meilleurs, doivent lire avec réflexion le tableau ci-après des qualités et des défauts qui conduisent au bonheur ou au malheur. Ils doivent se demander s'ils possèdent les qualités indiquées et qu'il dépend d'eux d'acquérir, ou bien si l'on peut leur reprocher les défauts contraires. Ils jugeront eux-mêmes si c'est par leur faute ou par celle de la Providence qu'ils sont heureux ou malheureux. Un tel examen fait de bonne foi et en conscience ne peut manquer de produire de bons résultats.

PIÉTÉ.

Qualités.	*Défauts.*
Avoir des sentiments religieux.	Etre irréligieux, incrédule.
Croire en Dieu et à une vie à venir.	Ne pas croire en Dieu ni à une vie à venir.
	Etre matérialiste ou esprit fort.
Avoir de la foi et de la confiance en Dieu.	Se laisser aller au découragement.
Etre tolérant, pacifique et résigné.	Etre mélancolique, chagrin, intolérant, superstitieux, fanatique.

CONSCIENCE.

Qualités.	*Défauts.*
Écouter sa conscience, la questionner souvent, au moins tous les soirs. Reconnaître et réparer ses torts. Corriger ses défauts.	Etouffer ses remords, agir sans avoir pris conseil de sa conscience. Persister dans ses torts et dans ses défauts.

JUSTICE, VÉRITÉ.

Qualités.	*Défauts.*
Etre juste, probe, loyal, impartial, sincère, franc, fidèle, reconnaissant. Aimer, rechercher, écouter et dire la vérité. Eviter les disputes et les procès.	Etre injuste, de mauvaise foi, déloyal, partial, rusé, fin, courtisan, flatteur, fourbe, obstiné, disputeur, ergoteur, taquin, minutieux, tracassier, menteur, Etre chicaneur.

CARACTÈRE ET CONDUITE.

Qualités.	*Défauts.*
Avoir une volonté ferme. Etre courageux, brave, hardi, généreux, modeste, poli, aimable, gai, d'humeur égale, prompt, vif, vrai. Savoir vaincre ses passions, oublier les injures, rendre le bien pour le mal. Se roidir contre la mauvaise fortune.	Avoir le caractère faible. Etre mou, poltron, peureux, sans volonté, timide, vain, pusillanime, grossier, bourru, triste, capricieux, lent, musard, effronté, arrogant, insolent, orgueilleux, haineux, vindicatif.

Qualités.	Défauts.
Etre sévère pour soi et indulgent pour les autres.	Etre indulgent pour soi et sévère pour les autres.
Mépriser la flatterie, l'envie, la médisance et la calomnie.	Etre flatteur, envieux, médisant, calomniateur.
Eviter le scandale et les tentations.	Provoquer le scandale et les tentations.
Etre vertueux, sage, prudent, patient.	Etre vicieux, débauché, téméraire, colère, impatient, violent, léger, turbulent.
Etre modéré, persévérant; bien rempli de ses devoirs, avoir une bonne conduite, et de bonnes habitudes.	Etre exalté, léger; négliger ses devoirs, tenir une mauvaise conduite et avoir de mauvaises habitudes.

CHARITÉ, BONTÉ, BIENVEILLANCE.

Qualités.	Défauts.
Etre bon, obligeant, indulgent, reconnaissant, compatissant, affable; aimer ses parents, ses amis, son prochain.	Etre méchant, insouciant, indifférent, malin, ingrat, pervers, égoïste.
Etre charitable, humain, sensible, bienfaisant, compatissant; protéger les faibles, les enfants, les victimes; se créer des amis; rendre le bien pour le mal.	Etre inhumain, cruel, insensible, haineux, envieux, jaloux, médisant, persiffleur, moqueur, méprisé, détesté.

INSTRUCTION.

Qualités.	Défauts.
Rechercher l'instruction.	Négliger l'étude et l'instruction.

Qualités.	*Défauts.*
Faire de bonnes lectures.	Lire de mauvais livres qui gâtent le cœur et le jugement.
Eviter les mauvais livres.	N'écouter personne.
Ecouter les hommes instruits.	Ne profiter de rien.
Profiter de leur conversation.	Oublier le peu que l'on sait.
Se rappeler ce qu'on a appris.	Etre bavard, indiscret, irréfléchi.
Parler peu, être circonspect et réfléchi.	Abuser de son esprit.
Avoir de bonnes relations.	Avoir de mauvaises liaisons.
Rechercher la bonne compagnie.	Rechercher les mauvaises compagnies.

TRAVAIL.

Qualités.	*Défauts.*
Aimer le travail.	Etre paresseux, indolent, nonchalent, fainéant, insouciant, léger, inexact.
Etre matinal, diligent, actif, appliqué, persévérant, ponctuel, exact.	
Etre toujours prêt ; ne pas perdre son temps, le bien employer.	Se faire toujours attendre ; perdre son temps.

TEMPÉRANCE.

Qualités.	*Défauts.*
Aimer la sobriété, la frugalité, la décence, la propreté.	Se livrer à la gourmandise, à l'ivresse, à la débauche, à la licence, à l'ivrognerie, à l'abrutissement, à la mollesse.
Se contenter des aliments servis, les trouver bons, vivre de peu.	Faire le lundi, fumer.
Mettre de l'eau dans son vin.	

Qualités.	*Défauts.*
Avoir horreur du jeu, des liqueurs fortes, des cafés, des billards et autres mauvais lieux où l'on perd son temps, son argent, sa santé.	S'adonner au jeu, fréquenter les cafés, les billards et autres lieux de mauvaises compagnies. Manger sans faim, boire sans soif.

ORDRE.

Qualités.	*Défauts.*
Etre économe et prévoyant. Mettre aux caisses d'épargne, aux sociétés de prévoyance et de secours mutuels.	Se livrer à la prodigalité, à la dissipation. Etre imprévoyant, négligent. Aller à l'hôpital, en prison.

En terminant le résumé des qualités qu'il faut acquérir et des défauts dont on doit se corriger, l'auteur que nous avons copié fait la réflexion suivante :

Outre les malheurs qu'il a presque toujours dépendu de nous d'éviter, il en est d'autres qui sont quelquefois indépendants de notre conduite, tels que la perte de sa fortune, de sa place, de son emploi, de sa liberté ; la mort de ses parents, de ses enfants, de ses amis ; enfin l'affaiblissement de ses facultés et de sa santé.

Mais avec une conscience pure, que de soulagements, que de consolations nous pouvons puiser dans notre courage et notre résignation, dans notre confiance en Dieu et dans l'espoir d'une vie future !

TABLE DES MATIÈRES.

—

FIN DE LA TABLE.

PARIS. — IMPRIMERIE DE LACOUR ET Cie,
Rue Saint-Hyacinthe-Saint-Michel, 33.